马克思主义经典文本的当代解读与中国道路

丛书主编　吴晓明

国家出版基金项目
NATIONAL PUBLICATION FOUNDATION

重庆市出版专项资金资助项目

《费尔巴哈论》的当代解读与中国道路

臧峰宇　编著

A brief Introduction to On Feuerbach

重庆出版集团　重庆出版社

图书在版编目（CIP）数据

《费尔巴哈论》的当代解读与中国道路 / 臧峰宇编著. -- 重庆 : 重庆出版社, 2024.9
ISBN 978-7-229-18583-1

Ⅰ. ①费… Ⅱ. ①臧… Ⅲ. ①费尔巴哈(Feuerbach, Ludwig 1804-1872)－哲学思想－研究 Ⅳ. ①B516.36

中国国家版本馆CIP数据核字(2024)第076093号

《费尔巴哈论》的当代解读与中国道路
《FEI' ERBAHA LUN》 DE DANGDAI JIEDU YU ZHONGGUO DAOLU
臧峰宇　编著

责任编辑:李　茜
责任校对:何建云
装帧设计:刘沂鑫

重庆出版集团
重庆出版社 **出版**
重庆市南岸区南滨路162号1幢　邮政编码:400061　http://www.cqph.com
重庆出版社艺术设计有限公司制版
重庆天旭印务有限责任公司印刷
重庆出版集团图书发行有限公司发行
E-MAIL:fxchu@cqph.com　邮购电话:023-61520656
全国新华书店经销

开本:889mm×1194mm　1/32　印张:6　字数:130千
2024年9月第1版　2024年9月第1次印刷
ISBN 978-7-229-18583-1
定价:29.00元

如有印装质量问题,请向本集团图书发行有限公司调换:023-61520678

总序

吴晓明

当中国的历史性实践进入到新的历史方位时，“世界历史”正面临着百年未有之大变局。为了理解这一变局并把握住它的根本趋势，我们尤其需要以马克思主义的理论来作为思想武器和分析工具，以便能够真正深入到“世界历史”变局的本质之中。因为直到今天，没有一种学说像马克思的学说那样，如此深刻而透彻地洞穿了现代世界的本质并将其带入到“历史科学”的掌握之中。正如海德格尔所说：马克思在体会到异化的时候，是深入到历史的本质性的一度中去了，所以马克思主义关于历史的观点比其余的历史学优越。这种优越性首先在于它的基本方法，在于这种方法将本质性导回到社会—历史的现实之中，从而要求根据特定的社会条件和时代状况展开具体化的理论研究和思想探索。

为了理解和掌握这种方法，我们就必须进入到马克思主义的经典文本之中——这是一个尽管初步但却是绝对必要的环节。如果认为马克思主义从根本上诉诸“现实”，因而就以为文本、原则或原理等乃是无关紧要的和可以怠忽的，那么，这从一开始就已经误入歧途了。须知“现实”并不是知觉能够直接给予我们的东西，并不是我们睁眼就能看到的；真正的“现实”，按黑格尔的说法，是“本质与实存的统一”，是“展开过程中的必然性”。既然“现实”包含着本质和必然性，那么，把握“现实”就是一种很高的理论要求，就需要有理论高度上的原则或原理。所谓“经典文本”，就是最集中地体现原则或原理的文献。为了将马克思主义理论把握为强大的思想武器和锐利的分析工具，首先就必须通过经典文本的广泛阅读来学习马克思主义的原则或原理——舍此没有他途。我们正是为此目的而编选这套马克思主义经典文本解读系列的。

但是，马克思主义的理论绝不停留于抽象的原则或原理，也绝不意味着只是将抽象的原则或原理先验地强加给任何对象（外在反思）。对于马克思主义来说，它的基本方法最坚决地要求使原则或原理进入到全面的具体化之中。我们知道，黑格尔早就说过：没有抽象的真理，真理是具体的；一个哲学上的原则或原理，即使是真的，只要它仅仅是一个原则或原理，它就已经是假的了。我们同样知道，马克思在《政治经济学批判导言》中，将他的方法简要地概括为“从抽象到具体”；而我们耳熟能详的一句名言说：“具体情况具体分析是马克思主义的活的灵魂。”在这样的意义上，辩证法就意味着：普遍的东西要摆脱它的抽象性而经历特定的具体化。对于黑格尔和马克思来说，这样的具体化主要有两个向度，即社会的向度和历史的向度；而这就意味着：抽象普遍的东西必须经过中介——根据特定的社会条件和特定的时代状况——来得到具体化。

举例来说，马克思主义的原则或原理乃是普遍的。但正如恩格斯所说，除非这样的原则或原理能够根据特定的社会条件和时代状况被具体化，否则它就会沦为“恶劣的教条”，就会转变为“唯物史观的对立物”。而根据中国特定的社会条件和时代状况得到具体化的马克思主义，就是中国化时代化的马克思主义。事实上，与中国的历史性实践建立起本质联系的，不是抽象的马克思主义，而是中国化时代化的马克思主义。同样，在“世界历史”的基本处境中，现代化乃是普遍的。如《共产党宣言》所说，任何民族——如果它不想灭亡的话——都必然被卷入到现代化的进程之中，也就是说，现代化已成为每一个民族之普遍的历史性任务。但是，除非这样的普遍任务能够根据特定的社会条件和时代状况被具体化，否则，它就没有现实性可言，它就会遭遇到巨大的挫折和严重的困境。而根据中国特定的社会条件和时代状况得到具体化的现代化进程，就意味着中国式现代化，就意味着中国特色现代化道路的积极开启和现实展开。事实上，正是中国式现代化的历史性进程才使得中国的现代化开辟出立足于自身之上的发展道路，并取得了举世瞩目的伟大成就。由此可见，在这样一种具体化的理论进程和实践进程中，就像马克思主义必然要成为中国化时代化的马克思主义一样，中国的现代化实践也必然要成为中国式的现代化。

我们的这套解读系列之所以加上“当代解读与中国道路”的标识，就是试图积极地提示马克思主义的基本方法，提示这一方法从根本上来说的具体化承诺。毫无疑问，任何一种经典文本的解读，首先要求对原著的基本理解，要求掌握它的原则或原理。同样毫无疑问，马克思主义经典文本的解读还要求原则或原理的具体化——根据特定的社会条件和时代状况而来的具体化。如果这个解读系列的尝试能够帮助读者更加全面地阅读和理解经典作家的原著，那么，我们的目的就基本达到了；如果这一尝试还能够使读者在理解原著的基础上牢记具体化的必要性并学会掌握它，那么，马克思主义的基本方法就会真正成为我们的研究指南和分析利器。凭借着这样的指南和利器，我们不仅能够更加深入地思考中国道路的本质与必然性，而且能够更加积极地回应“世界历史”变局中正在出现的重大问题与严峻挑战。

我们由衷地感谢为这套解读系列付出辛勤劳动的诸多学者和整个出版社团队，我们也真诚地希望读者们能够从中得到思想理论上的有益启示和多重收获。

2023年冬初于复旦大学

目录

总序 /1

原著解读 /1

一、《费尔巴哈论》的历史语境与主导思想 /3

(一)《费尔巴哈论》的历史语境 /4

(二)《费尔巴哈论》中的历史唯物主义阐释 /16

二、《费尔巴哈论》的文本结构与学术阐释 /22

(一)辩证审视黑格尔哲学与哲学基本问题 /23

(二)确认费尔巴哈哲学的理论实质 /29

(三)唯物辩证法的超越性与现实性 /34

三、《费尔巴哈论》的“科学”话语及其在中国的传播 /40

(一)历史唯物主义表述的“科学”话语 /41

(二)《费尔巴哈论》中文版编译与研究概览 /53

四、“哲学科学”的理论影响与应用哲学的新视域 /62
(一)“哲学科学”思路溯源 /63
(二)应用哲学开启的理论新视域 /71

五、马克思主义哲学时代化与中国道路的世界历史意义 /77
(一)《费尔巴哈论》的大众化表述与现代中国的思想启蒙 /78
(二)马克思主义哲学民族化与现代哲学的中国风格 /82
(三)理解中国道路的世界历史意义 /89

原著选读 /95

路德维希·费尔巴哈和德国古典哲学的终结 /97
1888年单行本序言 /97
一 /99
二 /113
三 /127
四 /139

关于费尔巴哈的提纲 /166
1.关于费尔巴哈 /166
马克思论费尔巴哈 /171

后记 /176

《费尔巴哈论》的
当代解读与中国道路

原著解读

A BRIEF
INTRODUCTION
TO ON
FEUERBACH

一、《费尔巴哈论》的历史语境与主导思想

《路德维希·费尔巴哈和德国古典哲学的终结》（又称《费尔巴哈论》）是一部简明晓畅且影响深远的马克思主义哲学经典文本，恩格斯这部应邀之作的创造初衷是评价丹麦哲学家卡·尼·施达克（Carl Nikolaus Starcke）的著作《路德维希·费尔巴哈》，但恩格斯在写作过程中发觉这是一次系统阐释他和马克思的哲学基本观念的契机，于是系统阐述而非书评成为这部文本的主调。当然，恩格斯对《路德维希·费尔巴哈》做出了一些评价，但从行文来看，着墨甚重的乃是对黑格尔哲学和费尔巴哈哲学的得失及其在马克思主义哲学形成过程中产生的重要作用的研究，由此恩格斯论述了唯物史观与唯物辩证法的思想要义。

这部写于1886年初的独特书评当年在德国社会民主党理论刊物《新时代》第4期和第5期连载，两年后在斯图

加特出版了单行本。恩格斯为单行本撰写了序言，并以附录的形式首次发表了他略作修改的马克思的“新世界观的天才萌芽的第一个文件”——《关于费尔巴哈的提纲》。值得提及的是，这部文本的德文版在出版第二年就被译成了俄文，以“德国古典唯心主义哲学的危机”为题，在圣彼得堡的《北方通报》杂志第3期和第4期连载，3年后劳动解放社发表了格·普列汉诺夫的译本，这位译者为此撰写了字数约为这部文本2/3篇幅的评论，一度成为人们理解这部经典文本的权威解读文本。几乎在同一时期，这部文本的波兰文版、法文版和英文版先后出版。正如英译本的译者使用的标题——“社会主义哲学的根源”，这部流传甚广的经典文本在一定程度上成为“社会主义哲学”的奠基。

（一）《费尔巴哈论》的历史语境

如果说关于“唯物主义辩证法”的争论主要围绕恩格斯的自然辩证法特别是苏联哲学教科书体系展开的话，那么关于“历史唯物主义”的学术争鸣则在很大程度上与“回到马克思”的学术努力密切相关，因为若不能在马克思哲学形成与发展的基本路径方面达成共识，“回到马克思”必然呈现不同的意蕴，以致马克思哲学的形象呈现各种各样的图景。对马克思哲学的理解固然基于对其原始文本的深入解读，但马克思哲学的阐释者对读者的作用亦不可忽视，形形色色的马克思哲学正是由不同的阐释者建构的。在马克思生前，恩格斯是马克思最亲密的合作者，马克思逝世后，恩格斯在《费尔巴哈论》中如何论述历史唯物主义形成的重要路径——费尔巴哈哲学批判？又以怎样的方式诠释、传播历史唯物主义呢？回答上述两个问题的前提是：如何理解马克思和恩格斯的学术思想关系。

1. 马克思与恩格斯的学术思想关系

恩格斯在《费尔巴哈论》第四部分的脚注中指出：“我所提供的，马克思没有我也能够做到，至多有几个专门的领域除外。关于马克思所做到的，我却做不到。马克思比我们大家都站得高些，看得远些，观察得多些和快些。马克思是天才，我们至多是能手。没有马克思，我们的理论远不会是现在这个样子。所以，这个理论用他的名字命名是理所当然的。”[①]长期以来，这段话被看作是对马

① 《马克思恩格斯选集》第4卷，人民出版社1995年，第242页。

克思和恩格斯学术思想关系的权威表述，即在创建历史唯物主义的过程中，恩格斯起辅助作用，马克思是“第一小提琴手”。但对马克思恩格斯的学术思想关系的既定表述受到西方马克思学家[①]的多重质疑，相关阐述旨在说明马克思恩格斯的学术思路未尽一致：（1）马克思和恩格斯在合著的《神圣家族》《德意志意识形态》[②]《共产党宣言》中存在不可忽视的思想分歧；（2）恩格斯为马克思著作所写的评论与马克思著作本身存在思想分歧；（3）马克思和恩格斯各自的著作之间存在思想分歧；（4）恩格斯在马克思逝世后整理马克思遗稿的过程中“干涉”了马克思的原

① 这些学者包括莱文、卡弗、利希特海姆、塔克、施密特、西格尔等，以论述马克思和恩格斯“温和的差异论”著称的美国学者特雷尔·卡弗认为，马克思和恩格斯的政治思想并无差异，差异表现在学术层面，“学者们需要通过谨慎关注一个特别的日子来审视恩格斯的叙述。……这个日子指的是马克思去世的那天，1883年3月14日”，此中涉及的问题成为“20世纪90年代后期《马克思恩格斯全集》历史考证版（MEGA）本身的头等问题”。参见［美］特雷尔·卡弗：《马克思与恩格斯：学术思想关系》，姜海波等译，中国人民大学出版社2008年，第3页。

② 例如，日本马克思学家广松涉在研究《德意志意识形态》时指出，“在确立历史唯物主义以及与之融为一体的共产主义理论之际，拉响第一小提琴的，限于合奏的初期而言，毋宁是恩格斯”，他进而得出这个结论，“且不说率先进行经济学研究这一点，从共产主义理论和历史唯物主义的不管是哪个方面来看，我们不得不承认都是恩格斯走在前面并且起了主导作用”。参见［日］广松涉：《文献学语境中的〈德意志意识形态〉》，南京大学出版社2005年，第358、371页。

始文本；（5）晚年恩格斯的理论著述与马克思生前的基本思路有显著的差异。

西方部分马克思学家对上述观点持之有据，相关阐述具有文本支撑，但对诸多文本考据的重审仍是必要的，因为自恰的言说未必呈现历史的真实，逻辑与历史相统一仍然是考察上述问题不可或缺的基本研究方法。西方马克思学家对上述问题长期处于争论[①]中，从宏观综合把握马克思和恩格斯哲学实质角度看，对很多类似问题的争论其实无关宏旨，关键的问题是，如何从中获得有益的启示，进一步促进马克思主义哲学发展。为此，应在充分解读马克思哲学的基础上，将问题集中到马克思逝世后恩格斯的学术努力上，这样既能看清晚年恩格斯在马克思哲学基础上，以何种方式展开马克思主义哲学的著述，也能看清马克思和恩格斯的学术思想关系到底在何种程度上存在"差异"。

---

① 卡弗归纳了国际学界关于马克思和恩格斯的学术思想关系论述的十种"谬误"："把传统当作问题的答案""差异论和多样性论=对立论""新观点是新教条""一个人的观点被允许代表另外一个人的观点""年代学的消融""'惯性销售'或要求不同意""段落抢夺/词汇竞争""只有一种解读是可能的""合作关系=合二为一""偏执"。参见［美］特瑞尔·卡弗：《"马克思和恩格斯"，还是"恩格斯对马克思"》，《江海学刊》，张亮译，2006年第1期。

马克思逝世后，恩格斯的工作主要表现在三个方面：整理马克思的遗稿、对马克思主义哲学进行系统著述、从事国际共产主义运动。这三个方面的工作关联密切，整理马克思的遗稿和系统论述马克思主义哲学的目的是推进国际共产主义运动的进程，因而在表述方面不仅要考虑到理论本身的系统化，还要考虑到工人的接受程度。为了使工人更好地理解马克思主义哲学理论的实质，恩格斯对马克思哲学加以通俗化诠释，乃至进行马克思主义哲学的理论建构。可以说，“恩格斯对系统的马克思主义意识形态的发展所负的责任，不是有意造成的，而主要是因为：还在马克思生前，尤其是在他死后，恩格斯就把他的朋友推崇为罕见的天才，而把自己看作是他的平凡的然而可靠的解释者”[①]。这样，人们理解和接受的马克思哲学很多都是经过恩格斯诠释的，即马克思逝世后的哲学形象在很大程度上是由恩格斯勾勒的。

如果恩格斯对马克思的诠释是本真的还原，西方马克思学家质疑马克思和恩格斯的学术思想关系就缺乏足够的根据，但国际马克思学界提供了相关的考据结论。马克思

① ［德］卡·巴列斯特雷姆:《关于恩格斯的讨论》,马兵译,《马列著作编译资料》第14辑,人民出版社1981年,第58—59页。

逝世后，恩格斯成为马克思指定的《资本论》第二、三卷整理人之一，恩格斯明言要致力于呈现马克思的原始文稿。随着《马克思恩格斯全集》历史考证版第二版（$MEGA^2$）部分卷次浮出水面，恩格斯对马克思原始手稿的改动基本已成定论，比如$MEGA^2$ Ⅱ/4出版后，负责编辑该卷的福尔格拉夫（Vollgraf）等指出，“恩格斯并没有践行他尊重原作的编辑原则，对马克思的手稿进行了远远超出人们想象的‘干涉’，按《马克思恩格斯全集》第25卷来计算，恩格斯版《资本论》第三卷共计870页，其中未经恩格斯加工的只有580页，也就是说其中有三分之一不是马克思的原始手稿”。据统计，“恩格斯对马克思原始手稿的变更，主要指删减和增补、定式和术语以及序列变更等超过5000多处，而且这还不包括标点符号、笔误等技术性的失误以及恩格斯对马克思原始手稿的概括部分。这些变更显然要比恩格斯本人在《资本论》第二卷序言中所承认的变更要多得多，而且有些变更未必‘只是形式上的改动’，实际上涉及对《资本论》内容的理解”①。

看来，主要问题不在于纠缠马克思生前与恩格斯思想

① 韩立新：《〈资本论〉编辑中的马克思恩格斯问题》，《光明日报》，2007年4月10日。

的差别，因为当恩格斯的看法与自己相左时，马克思不会保持沉默，两者也确实在对话与通信中就很多问题进行过多次探讨[①]，这种探讨在某种意义上是他们产生共识的必要来源；但是，当马克思逝世后，这种直接的探讨不再可能，特别是恩格斯在《费尔巴哈论》中概述了马克思主义哲学的形成史，对其后马克思主义哲学的发展特别是苏联马克思主义哲学教科书的建构具有指导意义，在该书单行本的末尾，恩格斯还列入其稍作改动的马克思《关于费尔巴哈的提纲》，对比晚年恩格斯改动文本与马克思的原始手稿，以及马克思恩格斯合著的《德意志意识形态》与恩格斯的《费尔巴哈论》思想主旨的异同，对理解马克思和恩格斯的学术思想关系的意义，较之考证马克思生前与恩格斯思想的差别，或许更为重要。

2. 作为《德意志意识形态》续篇的《费尔巴哈论》

1845年秋，恩格斯和马克思在《德意志意识形态》中

① 马克思和恩格斯就自然辩证法问题多次通信（主要包括恩格斯1858年7月14日致马克思、马克思1867年6月22日致恩格斯、恩格斯1873年5月30日致马克思及马克思次日复信、恩格斯1882年11月23日致马克思），马克思对恩格斯的信件回复得尽管简短，并被马克思学家质疑为对恩格斯的观点持犹疑态度，但毕竟未否定恩格斯的自然辩证法研究，而《自然辩证法》奠定了《反杜林论》和《路德维希·费尔巴哈和德国古典哲学的终结》的主调。

大致完成了对“从前的哲学信仰”的清算，但这部记载唯物史观形成史的关键文本在当时并未出版。马克思曾在《政治经济学批判》1859年柏林版序言中指出这个心愿没有能够实现的情境：“两厚册八开本的原稿早已送到威斯特伐利亚的出版所，后来我们才接到通知说，由于情况改变，不能付印。既然我们已经达到了我们的主要目的——自己弄清问题，我们就情愿让原稿留给老鼠的牙齿去批判了。”[①]晚年恩格斯写作《费尔巴哈论》时距写作《德意志意识形态》已逾40年，他认为有必要“作一个简要而又系统的阐述。同样，我也感到我们还要还一笔信誉债，就是要完全承认，在我们的狂飙时期，费尔巴哈给我们的影响比黑格尔以后任何其他哲学家都大”。恩格斯这时重阅《德意志意识形态》旧稿，其中“费尔巴哈”章没有写完，而且他认为当时他们“在经济史方面的知识”很不够[②]，这样重新写作的《费尔巴哈论》可以被视作《德意志意识形态》的续篇。

从恩格斯所作的说明可见，他的阐述不仅要“还一笔信誉债”，弥补以往对费尔巴哈论述的不足，还要适当补

① 《马克思恩格斯选集》第2卷，人民出版社1995年，第34页。

② 《马克思恩格斯选集》第4卷，人民出版社1995年，第212页。

充“经济史方面的知识”。为了充分批判费尔巴哈哲学，恩格斯特意附录了他稍作修改的马克思《关于费尔巴哈的提纲》，我们不妨首先从该文本改动前后的差异来审视晚年恩格斯对马克思文本改动的初衷。《关于费尔巴哈的提纲》全文11条，是对费尔巴哈哲学简明的论纲，其中第1条可以被看作全文的总纲，马克思认为，由于费尔巴哈“不是从主体方面去理解”“感性的人的活动”，不理解“实践”的“革命”的意义，因而“真正的人的活动”在费尔巴哈那里仍然是“理论的活动”。[①]晚年恩格斯对这条的改动有6处，多处为修改标点和添加过渡语，意在更为通俗，唯一的一处词义改动——将“感性的人的活动”改为“人的感性活动”——亦无关宏旨。第2、4—11条多为标点或相似概念替换之类改动，只有第3条附加括号说明——欧文乃马克思此中批判者之一。从大体上看，改动前后的主旨无甚改变，其初衷在于使原始文本更通俗易懂。

但是，晚年恩格斯在《费尔巴哈论》中对费尔巴哈哲学失误的关键性认识与马克思在《关于费尔巴哈的提纲》中的论述之差别不能忽视。上面已提到马克思的看法，在

① 《马克思恩格斯选集》第1卷，人民出版社1995年，第54页。

恩格斯看来，费尔巴哈哲学的重大悖谬在于不懂得辩证法，因而，尽管他对黑格尔的批判“使人们的耳目为之一新”，“但是简单地宣布一种哲学是错误的，还制服不了这种哲学”，关键是从辩证法的角度将“全部哲学，特别是近代哲学的重大的基本问题”理解为“思维和存在的关系问题”。[①]晚年恩格斯对辩证法的高度重视与马克思在《资本论》中的说明有关，但这种对辩证法的突出已拓展到新唯物主义层面，使历史唯物主义作为马克思主义哲学实质的结论被唯物主义辩证法所分有，即“辩证唯物主义和历史唯物主义”共同构成马克思主义哲学的实质，这种观点乃至其论述结构对其后苏联哲学教科书的影响可谓举足轻重。[②]

---

① 《马克思恩格斯选集》第4卷，人民出版社1995年，第222—223页。

② 马克思恩格斯在《德意志意识形态》中批判了德意志“思想体系”，他们从未有建构哲学体系的努力，晚年恩格斯出于国际共产主义运动的需要，通过传播马克思哲学文本并撰写马克思主义哲学文本，展露体系化的端倪，晚年恩格斯在《路德维希·费尔巴哈和德国古典哲学的终结》中对辩证法、唯物论、历史唯物主义的论述结构被苏联哲学教科书编写者米丁等采纳，米丁在阐释斯大林对辩证唯物主义和历史唯物主义的论断基础上，“根据党中央的决议”，以《路德维希·费尔巴哈和德国古典哲学的终结》的文本结构主持编写《辩证唯物主义历史唯物主义》，由此形成的苏联哲学教科书体系长期为人们所接受，这个体系对“实践”的忽视已为学界共识。即诺曼·莱文指出的，“苏联认识论的意识形态以恩格斯的《路德维希·费尔巴哈和德国古典哲学的终结》为基础，遵循真理的‘复制论’”。参见 Norman Levine. *Divergent Paths: “Hegel in Marxism and Engelsism”*, in Volume 1: The Hegelian Foundations of Marx's Method. Lexington Books. 2006: 33.

如果说《费尔巴哈论》是《德意志意识形态》的续篇，那么马克思恩格斯在《德意志意识形态》中对“新世界观”的基本看法也是我们在解读《费尔巴哈论》时不能绕过的。他们在《德意志意识形态》中对新哲学的唯物主义表述有二：一为“实践的唯物主义”；二为“新唯物主义”。马克思固然在《关于费尔巴哈的提纲》中高度看重“实践”的意义，但马克思对“实践”的阐述旨在说明的问题与其后马克思主义理论家对马克思“实践观”的阐述是否一致则未必无疑。马克思在《〈政治经济学批判〉序言》中指出其在“《哲学的贫困》中第一次”对历史唯物主义“作了科学的、虽然只是论战性的概述”，这个表述明确了《哲学的贫困》在马克思主义哲学史中的经典地位，但不可忽视的事实是，马克思在《哲学的贫困》中的观点是否在此前未发表的文本（比如《德意志意识形态》）中得到初次表述还是值得后人揣摩的，正是在揣摩马克思思想本意的过程中，人们确认了《德意志意识形态》的经典地位。

如果说《德意志意识形态》的经典地位毋庸置疑，那么在这个文本中表述的马克思主义哲学实质必然是马克思在《哲学的贫困》中论述的历史唯物主义，换言之，“实践的唯物主义”“新唯物主义”都是“历史唯物主义”的初始表述，或曰“历史唯物主义”的别名。得出这个判断不乏文本根据，马克思恩格斯在《德意志意识形态》中深入论述了“历史观”，并指出“当费尔巴哈是一个唯物主义者的时候，历史在他的视野之外；当他去探讨历史的时候，他不是一个唯物主义者。在他那里，唯物主义和历史是彼此完全脱离的”①。在《费尔巴哈论》中，费尔巴哈的问题被表述为其对“自然”与“历史”的理解存在断裂，即对“自然”的唯物主义论述到历史领域就失灵了，成为“半截子”唯物主义，而恩格斯认为他和马克思之所以能克服费尔巴哈的悖谬，在于“我们发现了这个多年来已成为我们最好的工具和最锐利的武器的唯物主义辩证法”②。

可见，晚年恩格斯在《费尔巴哈论》中论述了历史唯物主义的重要价值，还强调论证了唯物主义辩证法的积极意义。从中不难看到，两人在共同创建马克思主义哲学的过程中，存在着“一致与互补”的双重关系，即他们对马克思主义哲学的基本看法大体一致，但论述重点与学术旨

① 《马克思恩格斯选集》第1卷，人民出版社1995年，第78页。

② 《马克思恩格斯选集》第4卷，人民出版社1995年，第243页。

趣有所不同。[①]上面提到的恩格斯对马克思著作的评论——如卡弗所说的“恩格斯对马克思《〈政治经济学批判〉序言》(1859年)所作的匿名评论……是我们实际所见到的记录恩格斯思想重要发展的第一个文本，它预示了最具有巨大影响力的马克思主义经典著作……全部归功于恩格斯”[②]——与马克思的论述存在差异这一现象尽管不可忽视，但这种差异与其背后的基本思路一致也是相得益彰的。

(二)《费尔巴哈论》中的历史唯物主义阐释

恩格斯在马克思逝世后的哲学著述如果仅仅停留在理论层面，不会引起人们过多关注，其重大现实意义在于苏联马克思主义哲学教科书以之为蓝本，在此基础上加以扩充，特别是着重强调了唯物主义辩证法和自然观，而对

① 安启念:《新编马克思主义哲学发展史》,中国人民大学出版社2004年,第117页。

② [美]特雷尔·卡弗:《马克思与恩格斯:学术思想关系》,姜海波等译,中国人民大学出版社2008年,第92页。

“历史唯物主义”的论述不及马克思持重。当马克思主义哲学成为“行动的纲领”，这种差异就具有不可忽视的现实影响，以致人们惊呼马克思的某些思想被遮蔽了，晚年恩格斯实际上是“第一小提琴手”。作为成熟的理论家，晚年恩格斯建构马克思主义哲学并使之推动国际工人运动，显示出不可或缺的重大价值，甘为“第二小提琴手”——如果不是对其哲学功力加以评价的话——已是一种谦辞，从指导国际工人运动的角度看，这时的恩格斯的实际威望已与马克思比肩。

因而，晚年恩格斯如何阐述历史唯物主义理论，注定引起人们的重视。晚年恩格斯在《费尔巴哈论》《自然辩证法》《反杜林论》以及“关于历史唯物主义的书信”[①]等文本中都阐述了历史唯物主义，如若认为晚年恩格斯完全沉浸于唯物主义辩证法与自然观，则无法解释他在这些文本中的相关阐释。上面已经提到，晚年恩格斯明确指出，完成他和马克思在《德意志意识形态》中对费尔巴哈未完

① 这些书信是晚年恩格斯在伦敦写的，阿多拉茨基在1931年将其统称为“关于历史唯物主义的书信”。恩格斯在其中不止一次地强调了对历史唯物主义的评论要基于对马克思的《路易·波拿巴的雾月十八日》以及他的《路德维希·费尔巴哈和德国古典哲学的终结》和《反杜林论》的阅读。

成的批判，辅以更充分的经济学知识，是撰写《费尔巴哈论》的着力点所在，相关论述是在唯物主义辩证法和唯物主义历史观的阐述中展开的。从全书结构看，前半部分主要论述唯物主义辩证法，即"辩证哲学"和新唯物主义对费尔巴哈哲学的超越；后半部分主要论述历史唯物主义，"费尔巴哈没有走的一步，必定会有人走的"，马克思主义哲学不能"停留在半路上"[①]，应从经济学—哲学论述中把握"自然"和"历史"的"规律"。

出于时代条件的变化和国际工人运动的需要，晚年恩格斯主要从"规律"角度论述历史唯物主义对归纳社会发展的一般图景的意义，继而得出社会发展"合力"的看法，为工人的政治实践提供理论指南。"在社会历史领域内进行活动的，是具有意识的、经过思虑或凭激情行动的、追求某种目的的人；任何事情的发生都不是没有自觉的意图，没有预期的目的的。但是，不管这个差别对历史研究，尤其是对个别时代和个别事变的历史研究如何重要，它丝毫不能改变这一事实：历史进程是受内在的一般规律支配的。……而问题只是在于发现这些规律。"[②]正是

① 《马克思恩格斯选集》第4卷，人民出版社1995年，第241页。
② 《马克思恩格斯选集》第4卷，人民出版社1995年，第247页。

在论述社会发展的历史规律的过程中，晚年恩格斯提出了阶级斗争的根源在于经济关系、经济基础决定上层建筑、生产力是社会发展的决定因素等著名论断，这些马克思生前同意的观点得到强调，“暴力革命论”一度成为马克思主义社会发展理论的标志。

与马克思专注于社会历史发展的论述不同，恩格斯在自然与历史的比较中论述历史规律，认为“社会发展史却有一点是和自然发展史根本不相同的。在自然界中（如果我们把人对自然界的反作用撇开不谈）全是没有意识的、盲目的动力，这些动力彼此发生作用，而一般规律就表现在这些动力的相互作用中”，而“无论历史的结局如何，人们总是通过每一个人追求他自己的、自觉预期的目的来创造他们的历史，而这许多按不同方向活动的愿望及其对外部世界的各种各样作用的合力，就是历史”。[①]简言之，自然界不同于历史领域，但自然界的规律及其归纳方式可以应用于历史规律及其归纳，自然界的发展具有偶然性，历史的发展同样具有偶然性；自然界是诸动力“彼此发生作用”生成的，历史是人民群众“合力”造就的……这种

① 《马克思恩格斯选集》第4卷，人民出版社1995年，第248页。

比较论述的思路在苏联哲学教科书中也有突出的反映。

晚年恩格斯还指出对历史规律加以归纳是有条件的，而这个条件在他处的时代已经成熟，“在以前的各个时期，对历史的这些动因的探究几乎是不可能的，因为它们和自己的结果的联系是混乱而隐蔽的，在我们今天这个时期，这种联系已经简化了，以致人们有可能揭开这个谜了”[①]。这个条件就是工业的产生与发展，作为经济基础之重要组成部分的工业对新法律、新哲学、新宗教等意识形态产生的作用显而易见，结论是工业的“生产过剩和大众的贫困，两者互为因果，这就是大工业所陷入的荒谬的矛盾，这个矛盾必然要求通过改变生产方式来使生产力摆脱桎梏”[②]，工业的规律是社会发展规律的时代反映，工人是工业生产的主体，通过德国工人运动乃至全世界无产者的联合，扬弃资本逻辑，摆脱资本的奴役，才能在砸碎旧世界锁链的过程中获得人类解放的前景，冀望应然境遇的德国古典哲学应当“终结”，继承德国古典哲学的不是形形色色的庸俗唯物主义，而是“德国的工人运动”。[③]

① 《马克思恩格斯选集》第4卷，人民出版社1995年，第249页。
② 《马克思恩格斯选集》第4卷，人民出版社1995年，第251页。
③ 《马克思恩格斯选集》第4卷，人民出版社1995年，第258页。

总之，晚年恩格斯在《费尔巴哈论》中阐述了马克思主义哲学的理论实质，在系统论述历史唯物主义的同时，阐明辩证唯物主义的重要意义，其基本观点符合马克思生前的思想，但其论述的重点特别是适应国际工人运动新形势的说明对马克思主义哲学的某些方面有所突出，对另一些方面未予强调。任何理论著述因时代需要都难免出现类似情况，但这种状况确实呈现出马克思和恩格斯的学术思想关系问题，特别是恩格斯阐述的思想和逻辑为苏联哲学教科书沿用，对国际共产主义运动具有重要影响，在这个意义上，恩格斯是马克思逝世后的“第一小提琴手”。恩格斯阐述的马克思主义哲学为人们熟知，这正是“回到马克思”的基本意旨所在，而“回到马克思”必须基于对马克思主义哲学经典文本的解读，在避免过度解读的深入理解中把握马克思本真思想及其当代意义。

二、《费尔巴哈论》的文本结构与学术阐释

《费尔巴哈论》由序言、正文四部分、简短的结语和附录组成。概言之，恩格斯在序言中简要交代了写作背景，指出《费尔巴哈论》与《德意志意识形态》和《关于费尔巴哈的提纲》的内在关联。随后他在正文的第一部分阐述了黑格尔哲学的悖谬与合理性，解析其内在矛盾导致其解体的必然，指出费尔巴哈哲学的重要意义。由此恩格斯在第二部分提出何谓“哲学基本问题”，归纳了费尔巴哈哲学人本学的局限。在第三部分，恩格斯系统论述了费尔巴哈的“半截子”思想，揭露其唯物主义背后的唯心主义观念及其理论悖谬的成因。在第四部分，恩格斯认为德国古典哲学已经“终结”，进而指出马克思主义哲学的产生，阐述了历史唯物主义基本观点。在结语中，恩格斯概括了马克思主义哲学形成的历史根源，提出“德国的工人

运动是德国古典哲学的继承者”。附录是经恩格斯修改的马克思于1845年撰写的《关于费尔巴哈的提纲》。通过把握《费尔巴哈论》的文本结构，深入理解恩格斯在这部文本中所做的重要学术阐释，可见论证唯物辩证法和唯物史观的要义是恩格斯关注的“总问题”，而他对这个“总问题”的解析是以评价施达克的《路德维希·费尔巴哈》为契机，通过在历史语境中评析黑格尔哲学和费尔巴哈哲学的理论实质来实现的。

（一）辩证审视黑格尔哲学与哲学基本问题

恩格斯在《费尔巴哈论》序言开端引入文本写作的历史语境，即马克思在《〈政治经济学批判〉序言》中曾记述过的40年前他们清算“从前的哲学信仰”的共同努力，而在这些年，马克思的世界观得到的世界认可与德国古典哲学的某种复活同时存在。恩格斯为此认为越来越有必要说明他和马克思何以脱离黑格尔的思想，以及他们当年在狂飙时期受到费尔巴哈怎样的影响，同时指出为什么在40年后不打算出版他和马克思的旧作而以重新撰写一部简明的著作来深化马克思和他当年的思想的缘由，由此浮现出这部文本理应具有的学术价值。

不得不说，恩格斯写作《费尔巴哈论》的直接理由是应邀撰写一篇评价施达克的《路德维希·费尔巴哈》的文章，从整部文本的行文思路看，作为批判对象的这部丹麦学者的著作实际上成为恩格斯论述的线索，恩格斯在正文伊始就进入了这部著作反映的时期，这正是他和马克思当年写作《德意志意识形态》时关注的那段岁月。面对这段岁月中出现的两种哲学革命，恩格斯以法国革命鲜活生动的现实性批评德国革命晦涩枯燥的思辨性，并在这种比较中重新理解黑格尔的关键表述："凡是现实的都是合乎理性的，凡是合乎理性的都是现实的。"①恩格斯是以海涅的方式解释这句话特别是黑格尔对"现实性"的规定的，他通过对法国大革命中"现实的"与"不现实的"存在的比较，分析得出一个必然的结论"凡是现存的，就一定要灭亡"②，由此彰显了黑格尔哲学的真理性内涵。

人们对这句话长期以来存在严重的误解，德皇威廉三

---

① ［德］黑格尔：《法哲学原理》，范扬、张企泰译，商务印书馆1961年，第11页。

② 《马克思恩格斯选集》第4卷，人民出版社1995年，第216页。

世及其臣民误以为斯言为当时德国专制制度祝福，革命的自由派则谴责这是头脑混乱的呓语。实际上，黑格尔从未认为政府的任何措施都无条件地是现实的，并始终强调对现实与现象的区分。按照这样的思路，恩格斯揭示了辩证哲学的特征："在它面前，不存在任何最终的东西、绝对的东西、神圣的东西；它指出所有一切事情的暂时性；在它面前，除了生成和灭亡的不断过程、无止境地由低级上升到高级的不断过程，什么都不存在。"[①]几乎与此同时，恩格斯指出黑格尔哲学的问题所在，即为了阐述绝对真理而制造一个封闭的逻辑体系，其中的教条成为绝对真理的内容，而论证的思路只能在某个孤立的路径上延伸，这样一来，黑格尔哲学的革命的方面便被窒息了。他的哲学体系成了一种强制性的结构，而这种结构与他所阐述的永恒发展的历史比较而言只是一种暂时性的思路，因而为了更好地认识世界，必须走出黑格尔哲学体系的迷宫。

在这个意义上，在1830—1840年兴起的"黑格尔主义"思潮虽然曾在学界胜利进军，掀起一场以自我意识为核心观念的启蒙运动，但也只是黑格尔学派的内部斗争。

① 《马克思恩格斯选集》第4卷，人民出版社1995年，第217页。

相对于黑格尔主义右翼来说，左翼黑格尔派或曰“青年黑格尔派”对现实的宗教和政治一度发表了积极的意见，这时斗争主要是以哲学的方式进行的，这在《莱茵报》和《德法年鉴》的相关文章中体现得尤为明显。由于政治在当时是荆棘丛生的领域，所以当时青年黑格尔派主要致力于批判宗教，斯特劳斯、鲍威尔、赫斯、施蒂纳一时成为学术明星，比兴里克斯、格布勒等老年黑格尔派更受欢迎，这些学术明星的自我意识哲学以“唯一者”为顶峰。费尔巴哈哲学是在这场热烈的思潮兴盛的过程中出场的，甫一出场就破除了黑格尔主义的魔法：“‘体系’被炸开并被抛在一旁了，矛盾既然仅仅是存在于想象之中，也就解决了。”[①]所以，一度自称“在天才的大卫·弗里德里希·施特劳斯的羽翼下藏身”[②]的恩格斯一时“成为费尔巴哈派了”[③]。

关于当时受到的费尔巴哈的影响，恩格斯在晚年仍然记忆犹新，那时赞赏费尔巴哈唯物主义哲学的人甚至连他夸张的美文学表述和关于“爱”的绝对观念都一并接受

① 《马克思恩格斯选集》第4卷，人民出版社1995年，第222页。
② 《马克思恩格斯全集》第47卷，人民出版社2004年，第205页。
③ 《马克思恩格斯选集》第4卷，人民出版社1995年，第222页。

了。正是这种唯物主义理论促成了黑格尔哲学的解体，但费尔巴哈只是将黑格尔哲学置于一旁，而没有以“扬弃”的方式安顿黑格尔哲学的合理内容，为此，应对这种学术更替进行辩证的历史的审视。正是在这种语境中，恩格斯提出了“哲学基本问题”：“全部哲学，特别是近代哲学的重大的基本问题，是思维和存在的关系问题。”[①]恩格斯从对宗教的分析开始，论述人类思维形成和发展的过程，他对唯物主义和唯心主义做出了必要的限定，这两类哲学的区分是用来考虑世界的本原是什么这个问题的，“除此以外，唯心主义和唯物主义这两个术语没有任何别的意思，它们在这里也不是在别的意义上使用的”[②]。以此避免造成思考问题可能构成的混乱。

接着，恩格斯从思维能够认识世界的角度理解思维和存在的关系问题，由此提出思维与存在的同一性问题，这种同一性只能在实践中而不是在幻想中把握。正是因为在实践中以现实的思维认识客观存在的世界，以往使人们陷入神秘主义境遇的问题在实验和工业面前都被破解了，自然科学突飞猛进的发展印证了17世纪以来凸显的唯物主义

① 《马克思恩格斯选集》第4卷，人民出版社1995年，第223页。
② 《马克思恩格斯选集》第4卷，人民出版社1995年，第224—225页。

哲学，人们在改变的世界中变得更加现实，各种不可知论在科技的发展过程中落伍了。恩格斯意识到自科学昌明以来推动社会发展的不“只是纯粹思想的力量”，而“主要是自然科学和工业的强大而日益迅猛的进步”。[①]这样，唯心主义不得不容纳唯物主义的内容，所以在黑格尔哲学中就出现了倒置的唯物主义，而恩格斯和马克思正是要将这种唯物主义颠倒回来。

这时，恩格斯指出了施达克评价费尔巴哈哲学时的失误。一方面，施达克以晦涩难懂的语言拘泥于黑格尔的个别字句，而未能通畅地阐述黑格尔哲学的合理性内涵；另一方面，以晦涩的语言杂糅各种流派的概念来梳理黑格尔的形而上学史，对黑格尔哲学的批评因而未能切中肯綮。起初作为黑格尔主义者的费尔巴哈虽然走进了唯物主义，但他对唯物主义的理解还缺乏辩证的历史的向度，在很大程度上只是重复18世纪法国古典唯物主义的观念，还停留在机械思维的阶段。这种理解方式是静止的，不能从历史过程的角度或曰发展的角度理解物质的变迁，因而是一种反辩证法的思维。同黑格尔以迎合体系的方式背叛自己一

① 《马克思恩格斯选集》第4卷，人民出版社1995年，第226页。

样，费尔巴哈因缺乏历史性思维而不能在一种近乎纯粹自然的哲学中阐述唯物主义的理想形态。

（二）确认费尔巴哈哲学的理论实质

恩格斯不仅指出了费尔巴哈哲学的缺陷，而且分析了这种缺陷的成因：一是当时自然科学的发展还相对有限，特别是细胞学说、能量守恒和转化定律、生物进化论这三个决定性的发现是后来15年间的事情，这些自然科学的重大进展是隐居在乡间的费尔巴哈所不了解的；二是费尔巴哈只关注他不太了解的自然科学，而不关心“关于社会的科学”。正如费尔巴哈所说：“在柏林时我已经同思辨哲学告别了。我同黑格尔告别时大概是这样说的：我听了您两年的课，两年我把自己完全投身于研究您的哲学；现在呢，我体会到需要转向直接同思辨哲学对立的其他科学：转向自然科学。”[①]但停留在自然科学领域的唯物主义难以面对社会历史领域的问题，而这就使费尔巴哈的唯物主义

① 《费尔巴哈哲学著作选集》上卷，王太庆等译，三联书店1959年，第5页。

止步不前了，甚至在解读历史领域的问题时表露出唯心主义的思路，而施达克并未恰当地指出问题之所在，只是将唯心主义理解为海涅之前的初始规定。

这种初始规定实际上将唯心主义理解为理想主义，相应地，唯物主义被理解为物质主义，并非作为针对世界本原是什么的两种根本不同的观点。由此当然不能单向度地把唯心主义理解为一种正常的人的思维活动的归纳，如果以任何人都具有思想的能力来证明唯心主义的合理性，就等于没有在有关世界本原的语境中讨论问题。同样，施达克不能将有关人类进步的信念与唯心主义紧密联系起来，这种思路固然体现了黑格尔哲学中的有益内涵，但从唯物主义角度论证人类进步的历程具有更明显的有效性。这里是恩格斯在整个文本中唯一一处比较饱满地论及施达克的文字，从中可见施达克并没有理解海涅对唯物主义和唯心主义所作区分的真实意义，而仍以旧唯物主义和唯心主义的思路衡量费尔巴哈的理论得失，此外施达克对费尔巴哈的理论基本都持肯定的意见，这对读者很可能构成一种不可忽视的误导。

恩格斯通过分析费尔巴哈的宗教哲学和伦理学来揭示这位唯物主义者在社会历史领域中的唯心主义取向，费尔巴哈将哲学融入宗教，并将宗教理解为人与人之间感情与心灵的关系，倡导人们维系这种和谐的关系，却不为其寻找现实的支点。在分析法国社会政治生活变迁的语境中，恩格斯指出了费尔巴哈唯心主义的实质：“他不是抛开对某种在他看来也已成为过去的特殊宗教的回忆，直截了当地按照本来面貌看待人们彼此间以相互倾慕为基础的关系，即性爱、友谊、同情、舍己精神等，而是断言这些关系只有在用宗教名义使之神圣化以后才会获得自己的完整的意义。”[①]费尔巴哈从词源学角度考察人与人之间的关系所具有的宗教性，但无论对人与人的关系还是现代宗教研究而言，关键在于把握其生成与发展的历史语境和现实情境，而不能将其停留在孤立个人之间的偶然联系或原始图腾层面。

费尔巴哈认为人类社会发展各时期应以宗教变迁为标识，宗教变迁在一定历史时期确实伴随着社会发展进程，而这主要表现为佛教、基督教和伊斯兰教这三大世界宗教和历史发展的关联。全部人类社会的历史不能用人的心灵和宗教来解释，而应从经济社会发展的实际出发，从现实

① 《马克思恩格斯选集》第4卷，人民出版社1995年，第234页。

的历史的阶级关系中理解人类历史。费尔巴哈只了解基督教和人与人之间的道德关系，不能从历史现实出发研究实际的社会变迁，正如他所说，“宗教，对于人的关系，很像光对于眼、空气对于肺、食品对于胃那样密切”[①]。费尔巴哈曾借助斯宾诺莎的《哲学政治研究》与18世纪唯物主义研究基督教，但并非真正揭示宗教的本质，也未能理解黑格尔的历史观，他只是强调爱的道德力量，却忘了恶是历史发展的动力，尽管这种理解让人不太愉快，但它却是真正现实的答案，是缔结果实的历史动力的表现形式。

由此可见，费尔巴哈的道德说教是非常贫乏的。譬如追求幸福，这种欲望要遭到感性经验和社会后果的双重矫正，又因为人人追求幸福的权利是平等的，所以任何人的欲望都要被节制，但请注意，人不是只同自己打交道的，而所谓平等的权利必须在社会历史中获得它的实质意义。回顾人类社会历史发展进程，我们发现人们的平等权利是通过各种抗争获得的，它不能被停留于形式的合理性，而应表现为历史的必然性。恩格斯以证券交易所为例表明，人们在赚钱和道德选择之间的考虑是非常实际的，而这与

① ［德］费尔巴哈：《宗教的本质》，王太庆译，商务印书馆1959年，第2页。

人们对幸福的理解有关，这是人们从事交易的现实场所，爱如果发挥实际作用的话，也不是以纯粹抽象的方式在场的。由于费尔巴哈认为“爱随时随地都是一个创造奇迹的神，可以帮助克服实际生活中的一切困难”，所以，“他的哲学中的最后一点革命性也消失了”。[①]

何以如此？问题的关键在于，费尔巴哈的论证是一个无视历史条件的道德预设，仍然是期望现实世界按照理念世界来变化的陈旧思路，而在现实的历史进程中，任何时代的任何阶级都有特定的道德观念和道德行为。费尔巴哈的全部论说都以自然界和人为根基，但由于缺乏社会进程的思维方式或进步的历史发展观，于是在论述中使自然界和人成为空话，即使在自然界和人前面加上“现实的”话语前缀，仍然只是一种缺乏现实考量的语词重置。理解人的现实活动，理解人化自然的变迁，必须将人作为社会历史行动中的人进行审视，这是马克思恩格斯在《德意志意识形态》中多次强调的观念，恩格斯在这里再次指出，而且指明费尔巴哈没有完成的工作是由马克思来完成的，而这项工作始于《神圣家族》的写作。

---

① 《马克思恩格斯选集》第4卷，人民出版社1995年，第240页。

与青年黑格尔派比较而言，费尔巴哈走出了纯粹自我意识的呓语，以唯物主义的方式对黑格尔的唯心主义体系做出了杰出的批判。但出于上述原因，“他也停留在半路上，他下半截是唯物主义者，上半截是唯心主义者；他没有批判地克服黑格尔，而且简单地把黑格尔当作无用的东西抛在一边，同时，与黑格尔体系的百科全书式的丰富内容相比，他本人除了矫揉造作的爱的宗教和贫乏无力的道德以外，拿不出什么积极的东西”[①]。比较而言，黑格尔论证唯心主义观念依据于现实的历史发展，尽管这种论证实际上形成了神秘主义的迷宫，但具有百科全书式的丰富性。由此必须以实践的历史的唯物主义阐释丰富的现实的历史内涵，在这方面历史选择了马克思和恩格斯，他们开创了一个以马克思命名的重要学派。

（三）唯物辩证法的超越性与现实性

马克思恩格斯开创的思想传统“第一次对唯物主义世

① 《马克思恩格斯选集》第4卷，人民出版社1995年，第241—242页。

界观采取了严肃认真的态度，把这个世界观彻底地（至少在主要方面）运用到所研究的一切知识领域里去了”[①]。他们对黑格尔哲学也采取了严肃认真的态度，真正将概念辩证法转换为实践辩证法，从而发挥了唯物主义世界观的革命的作用。值得提及的是，在指出这种思想传统的确立及其重大意义的同时，恩格斯还特别提到“辩证唯物主义”这一概念的最初使用者狄慈根。这位德国工人哲学家通过自学把唯物主义和辩证法结合起来，用矛盾的、运动的、发展的、普遍联系的观点观察事物，在《人脑活动的本质》《一个社会主义者在认识论领域中的漫游》《哲学的成就》等著作中得出一些唯物主义的结论，在一定程度上得到恩格斯的肯定。

其实，从恩格斯接下来的论述中，我们极易发现他所论述的唯物辩证法和狄慈根的唯物主义观点有明显的差别。这从恩格斯在写给马克思的信中对狄慈根的评价中就可见一斑：“这个人不是天生的哲学家，况且是一个一半靠自学出来的人。从他使用的术语上一下子就可以看出他的一部分知识来源（例如，费尔巴哈、你的书和关于自然

① 《马克思恩格斯选集》第4卷，人民出版社1995年，第242页。

科学的各种毫无价值的通俗读物)，很难说他此外还读过什么东西。术语自然还很混乱，因此缺乏精确性，并且常常用不同的表达方式重复同样的东西。其中也有辩证法，但多半是象火花一样地闪耀，而不是有联系地出现。关于自在之物是想象之物的描述，如果能够肯定这是他自己的创造，那末这种描述应当说是很出色的，甚至是天才的。他这本著作中有许多地方很机智，而且，尽管文法上有缺点，但是表现了出色的写作才能。总的说来，他有一种值得注意的本能，能够在这样缺乏科学修养的情况下得出这样多正确的结论。"[①]可见，恩格斯对狄慈根缺乏精确性的表达和缺乏科学修养的写作不甚满意，他在这里论述的唯物主义辩证法当然体现为对狄慈根哲学的超越。

恩格斯以唯物主义的方式恢复了黑格尔哲学的革命方面，正是在唯物主义语境中深化辩证法的时候，他提出了"一个伟大的基本思想"："即认为世界不是既成事物的集合体，而是过程的集合体，其中各个似乎稳定的事物同它们在我们头脑中的思想映像即概念一样都处在生成和灭亡的不断变化中，在这种变化中，尽管有种种表面的偶然

① 《马克思恩格斯选集》第4卷，人民出版社1995年，第373—374页。

性，尽管有种种暂时的倒退，前进的发展终究会实现”[①]，这是自黑格尔以来形成的一般人的意识。恩格斯深刻地指出，人们在口头上承认某种思想和在实践中自觉运用这种思想实际上是两回事，关键在于理论与实践的统一。如果我们能从理论与实践的一致性角度理解这个“伟大的基本思想”，就能克服旧知识的制约和旧形而上学的缺陷，就能真正理解偶然与必然、同一和差别的关系，就能确立和把握一种有别于旧唯物主义和唯心主义的辩证法。

通过分析旧形而上学的思维方式，恩格斯揭示了唯物辩证法产生的时代条件，自然科学的发展使人们从搜集材料的时代进入整理材料的时代，他列举了自然科学的三大发现所具有的重大现实意义，认为传统自然哲学已经不能解决新的科学发展带来的社会进步，必须将自然界纳入历史进程中作综合理解，关键在于“发现那些作为支配规律在人类社会的历史上起作用的一般运动规律”[②]。这种规律较之单纯的自然界的规律而言远为复杂，因为社会历史领域虽然具有一种似自然性，但推动历史发展的力量包括大量偶然因素和人为因素，这使人们一度怀疑社会历史领

---

① 《马克思恩格斯选集》第4卷，人民出版社1995年，第244页。

② 《马克思恩格斯选集》第4卷，人民出版社1995年，第247页。

域是否真正有客观规律可言。面对复杂的社会历史问题，旧唯物主义的分析能力也就变得非常有限，而唯物史观则能重启辩证法的革命性作用。

正是在这个意义上，恩格斯以大量史实为根据，深入阐述了唯物主义历史观的内涵。与此同时，他深刻预见了哲学发展的未来趋势：一方面，纯粹哲学体现为逻辑学和辩证法；另一方面，当纯粹哲学离开自然界和历史之后，无视自然科学和社会发展的形而上学家只能重复德国古典哲学的残羹冷炙，而现实的自然科学和社会历史将成为包括新哲学在内的历史科学的研究对象。在这里，我们看到唯物辩证法的超越性与现实性，它不仅超越了历史上出现过的形形色色的辩证法，而且聚焦社会历史领域的现实问题。如果我们将视角转向工人的革命诉求，就会发现这种具有超越性和现实性的辩证法所具有的实际意义，德国工人需要深刻理解这种辩证法，深刻地意识到他们所从事的事业所具有的世界历史意义："德国的工人运动是德国古典哲学的继承者。"[①]唯有这样，德国古典哲学才因被马克思主义哲学批判继承而持续发挥其革命性，才能在"终

① 《马克思恩格斯选集》第4卷，人民出版社1995年，第258页。

结”中迎来新的理论和现实的开端。

概言之，恩格斯在《费尔巴哈论》这部简洁的文本中阐述了德国古典哲学的终结与马克思主义哲学的产生，以批判施达克的费尔巴哈研究为线索，深入分析了黑格尔和费尔巴哈的得失，呈现了唯心主义和旧唯物主义的限度，从而在确认马克思主义哲学道路的过程中延续了黑格尔哲学和费尔巴哈哲学的合理内容。这部简洁的文本之所以被视为马克思主义传播史中的经典力作，不仅在于它提出了唯物主义辩证法和唯物史观的基本范畴，而且将“关于社会的科学”理解为“历史科学和哲学科学的总和”。这种理解哲学问题的“科学”思维及其话语深刻影响了东方国家形成推动社会发展的科学思维，具有科学启蒙的作用。

三、《费尔巴哈论》的“科学”话语及其在中国的传播

马克思的历史理论蕴含着丰富的思想内涵，作为该理论分支的市民社会理论、分工理论、人学理论等深刻揭示了现代社会的存在样态，其后的哲学、经济学、政治学、社会学、人类学等多学科研究皆从中受益。马克思曾在《1844年经济学哲学手稿》和《德意志意识形态》中将自然科学和社会科学归纳为一门科学，即历史科学。这实则是将人类生活所面对的世界作为整体对象来研究所作的学术努力。晚年恩格斯论述了历史科学的内涵，将其命名为“历史唯物主义”，并为其赋予新的哲学规定。晚年恩格斯在《费尔巴哈论》中是如何表述历史唯物主义的？他采用的“科学”话语如何延续了马克思的理论思路？这种表述具有怎样的哲学思想渊源和社会历史背景？其内蕴的深意何在？对此后的哲学发展产生了怎样的思想启示？回答这

些问题，必须首先梳理历史唯物主义表述的“科学”话语。

（一）历史唯物主义表述的“科学”话语

马克思毕生从未使用过“历史唯物主义”这个术语，这个术语的发明权属于恩格斯，晚年恩格斯不仅发明了这个术语[①]，还用“唯物主义历史观”“唯物主义历史理论”等术语表述同一个意思，至少有6个恩格斯晚年的哲学文本涉及“历史唯物主义”的命名问题。

第一个文本是《反杜林论》（1876年9月—1878年6月）。恩格斯在这个与杜林论战的文本的引论中指出，“马克思和我，可以说是把自觉的辩证法从德国唯心主义哲学中拯救出来并用于唯物主义的自然观和历史观的唯一的人。”在简述历史唯物主义基本内涵之后，他指出“以往

① 1892年6月，恩格斯应《新时代》杂志编辑考茨基所约，将《社会主义从空想到科学》的英文版导言译成德文，次月寄给《新时代》杂志发表，题名“论历史唯物主义”，该文可谓马克思主义创始人唯一一篇直接以“历史唯物主义”命名的文本。参见《马克思恩格斯选集》第3卷，人民出版社1995年，第852页。2010年出版的MEGA² Ⅰ/32收入该文。

的社会主义同这种唯物主义历史观是不相容的”，而“两个伟大的发现——唯物主义历史观和通过剩余价值揭开资本主义生产的秘密，都应当归功于马克思”。[①]在该文本第三编“社会主义”部分，恩格斯指出“唯物主义历史观”的出发点，认为“一切社会变迁和政治变革的终极原因，……不应当到有关时代的哲学中去寻找，而应当到有关时代的经济中去寻找”[②]。

第二个文本是《社会主义从空想到科学的发展》（1880年1月—3月上半月）。恩格斯应保尔·拉法格的要求，将《反杜林论》中的三章单独出版，在这个节略本的第二部分，恩格斯重述了他对“全部历史”的研究，认为“唯心主义从它的最后的避难所即历史观中被驱逐出去了，一种唯物主义的历史观被提出来了，用人们的存在说明他们的意识，而不是像以往那样用人们的意识说明他们的存在这样一条道路已经找到了”[③]。

第三个文本是《共产主义者同盟的历史》（1885年10月8日）。恩格斯在该文本中回顾了共产主义者同盟的历

① 《马克思恩格斯选集》第3卷，人民出版社1995年，第349、365—366页。
② 《马克思恩格斯选集》第3卷，人民出版社1995年，第617—618页。
③ 《马克思恩格斯选集》第3卷，人民出版社1995年，第739页。

史，谈到他在1844年夏天与马克思会晤时，他认为“我们在一切理论领域中都显出意见完全一致，从此就开始了我们共同的工作”。次年马克思就已经从市民社会决定国家以及从经济关系解释政治及其历史的原理出发，“大致完成了发挥他的唯物主义历史理论的工作”[①]，此后他们共同撰写了《德意志意识形态》。

第四个文本是《费尔巴哈论》（1886年初）。恩格斯在该文本序言中开篇便指出，“唯物主义历史观”是“主要由马克思制定的”，接着又指出《德意志意识形态》“费尔巴哈”章“是阐述唯物主义历史观的”[②]。此后，他对历史唯物主义产生的历史条件，经济关系的决定性作用，历史合力的现实作用以及历史唯物主义与辩证法之间的关系做出较为充分的论证，认为这“只能是对马克思的历史观的一个概述，……对于已经从自然界和历史中被驱逐出去的哲学来说，要是还留下什么的话，那就只留下一个纯粹思想的领域：关于思维过程本身的规律的学说，即逻辑和辩证法”[③]。

---

① 《马克思恩格斯选集》第4卷，人民出版社1995年，第196页。
② 《马克思恩格斯选集》第4卷，人民出版社1995年，第211—212页。
③ 《马克思恩格斯选集》第4卷，人民出版社1995年，第257页。

第五个文本是《恩格斯致约·布洛赫》[1890年9月21(—22)日]。恩格斯在这个文本中强调不能对经济基础作庸俗的理解，他在阐述“我们创造着我们的历史”之前表明，“根据唯物史观，历史过程中的决定性因素归根到底是现实生活的生产和再生产。无论马克思或我都从来没有肯定过比这更多的东西。如果有人在这里加以歪曲，说经济因素是唯一决定性的因素，那么他就是把这个命题变成毫无内容的、抽象的、荒诞无稽的空话”①。

第六个文本是《论历史唯物主义》(1892年4月20日)。恩格斯在《社会主义从空想到科学的发展》英文版导言中指出该书“所捍卫的是我们称之为‘历史唯物主义’的东西”，表明他“用‘历史唯物主义’这个名词来表达一种关于历史过程的观点……这种观点认为一切重要历史事件的终极原因和伟大动力是社会的经济发展，是生产方式和交换方式的改变，是由此产生的社会之划分为不同的阶级，是这些阶级彼此之间的斗争”，他试图“证明历史唯物主义甚至对英国的体面人物也是有益的”。②这是对“历史唯物主义”这一术语的首次表述。

① 《马克思恩格斯选集》第4卷，人民出版社1995年，第695—696页。

② 《马克思恩格斯选集》第3卷，人民出版社1995年，第698、704—705页。

此外，马克思和恩格斯曾使用“新唯物主义”“新世界观”“新的历史观”“把感性理解为实践活动的唯物主义”“共产主义的唯物主义”等术语表明他们的哲学见解，其中有三个关于历史唯物主义表述的“科学”[①]话语颇为重要，它们从不同角度呈现了唯物主义历史观的基本内涵。

第一个“科学”话语是包括自然科学在内的“关于人的科学”（die Wissenschaft der Menschen）。马克思在《1844年经济学哲学手稿》中深刻论述了人与自然的一体性存在，认为“自然界的社会的现实和人的自然科学或关于人的自然科学，是同一个说法”。换言之，“历史本身是自然史的即自然界生成为人这一过程的一个现实部分。自然科学往后将包括关于人的科学，正像关于人的科学包括自然科学一样：这将是一门科学”[②]。马克思看到，自然

---

① “Wissenschaft”一词源自14世纪，是拉丁语“sciens”一词的德译；“science”源自拉丁语“scire”（知道）。比较而言，“Wissenschaft”的词义更深邃、更丰富。在《牛津简明英语大辞典》中有专门对这两词的词义进行区别。“Wissenschaft”被定义为“对知识、科学、学术、学问的系统追求”；“science”被定义为“知道的状态或事实；知识或对具体或模糊事物的认知”。参见[美]保罗·托马斯：《马克思主义与科学社会主义——从恩格斯到阿尔都塞》，王远河、王克军译，江苏人民出版社2011年，第1—3页。

② [德]马克思：《1844年经济学哲学手稿》，人民出版社2000年，第90页。

主义、人道主义和共产主义在这个意义上是等同的。

第二个“科学”话语是“历史科学”（die Wissenschaft der Geschichte）。马克思在《德意志意识形态》中将《1844年经济学哲学手稿》中的“一门科学”明确表述为“历史科学”：“我们仅仅知道一门唯一的科学，即历史科学。历史可以从两方面来考察，可以把它划分为自然史和人类史。但这两方面是不可分割的；只要有人存在，自然史和人类史就彼此相互制约。”①尽管这段话一度被删去了，但它已经引起研究马克思历史理论的学者高度重视。此外，恩格斯在《在马克思墓前的讲话》中指出，马克思的逝世，“对于欧美战斗的无产阶级，对于历史科学，都是不可估量的损失”，紧接着，他又补充道，“在马克思看来，科学是一种在历史上起推动作用的、革命的力量。任何一门理论科学中的每一个新发现——它的实际应用也许还根本无法预见——都使马克思感到由衷喜悦，而当他看到那种对工业、对一般历史发展立即产生革命性影响的发现的时候，他的喜悦就非同寻常了”。②在《卡尔·马克思〈政治经济学批判·第一分册〉》中，恩格斯还明确指出，

① 《马克思恩格斯选集》第1卷，人民出版社1995年，第66页。

② 《马克思恩格斯选集》第3卷，人民出版社1995年，第776—777页。

“凡不是自然科学的科学都是历史科学”，马克思的历史理论“不仅对于经济学，而且对于一切历史科学……都是一个具有革命意义的发现”。[①]

第三个“科学”话语是“关于社会的科学”（die Wissenschaft der Gesellschaft），“即所谓历史科学与哲学科学的总和”（d.h. den Inbegriff der soggenannten historischen und philosophischen Wissenschaften）。恩格斯在《路德维希·费尔巴哈与德国古典哲学的终结》中论述了科学发展是历史唯物主义阐释的重要物质条件，哲学在现代社会将改变原有的功能。他指出：“我们不仅生活在自然界，而且生活在人类社会中，人类社会同自然界一样也有自己的发展史和自己的科学。因此，问题在于使关于社会的科学，即所谓历史科学和哲学科学的总和，同唯物主义的基础协调起来，并在这个基础上加以改造。”[②]

以上用“科学”话语表述的历史唯物主义理论中，意涵最丰富的是恩格斯在《费尔巴哈论》中阐释的“关于社会的科学”，它反映了自然科学的发展对当时思想界的深刻影响，也表明哲学必须体现“自己时代的精神上的精

---

① 《马克思恩格斯选集》第2卷，人民出版社1995年，第38页。
② 《马克思恩格斯选集》第4卷，人民出版社1995年，第230页。

华”，因而涉及对哲学的本性与功能的全新理解。这个概念的重大理论意义及深远的学术影响在多年后仍然足以引起学界的高度重视。可以说，晚年恩格斯在《费尔巴哈论》中重审费尔巴哈哲学和黑格尔哲学的实质，论述了全部哲学特别是近代哲学的重大的基本问题，分析了宗教和政治在当时社会的现实作用，阐释了唯物主义辩证法或辩证哲学的思维规律，表述了唯物主义历史观的基本内涵，明确了德国古典哲学的继承者是德国的工人运动，这些观点对其后马克思主义哲学的发展产生了重大影响。但“历史科学与哲学科学的总和”这一表述多年来没有得到学界应有的重视，而这关系到对历史唯物主义基本特征的理解，其中至少包含如下意旨：

（1）历史科学是历史唯物主义的特质，因为对社会发展的进步趋势加以“科学”审视，历史唯物主义超越了唯心主义对事物发展的应然规定。晚年恩格斯开启了倡导科学的理论语境，他看到“德国人有一种非常严肃的Gründlichkeit，即彻底的深思精神或深思的彻底精神，……当我们每个人在阐述他认为是新学说的那种东西的时候，他首先要把它提炼为一个包罗万象的体系。他一定要证明，逻辑的主要原则和宇宙的基本规律之所以存在，历来就是为了最后引到这个新发现的绝妙理论上来”[①]。思辨哲学因而屡结硕果，德语因其思辨的水平而被人们认为是哲学的方言，但这种方言表述的思想一度离开现实的地基，以纯粹思维的方式倒立行走，就使德国只能在理论上重复英国和法国的历史。改变这种境遇，必须以实践的思维方式颠倒德国形而上学的思维方式。关于这个问题的理解，学界已基本达成共识。

（2）德语“科学”（wissenschaft）的意蕴较为丰富，它并未限定在英文“科学”（science）的范畴，实际上指的乃是广义的学术（academic）研究。这种表述涵盖了自然科学与人文科学的双重意蕴，将自然界与人类生活世界作为研究对象进行综合研究，以“科学”的维度体现昔日哲学的功能。研究任何对象都不能离开现实，自然科学是15世纪以来人类生活世界的重大现实，这个现实深刻影响了人们的思维观念，是否符合科学，几乎成为人们判断事物的价值标准。但作为广义学术研究的科学并未将视野停留在自然界，它要对深受自然科学影响的社会历史科学表明意见，呈现学术研究的意义规定。人们曾将科学研究者

① 《马克思恩格斯选集》第3卷，人民出版社1995年，第695页。

分为两类："做科学的"（science-doers）与"讨论科学的"（science-discussers）[①]，我认为还应该包括"思科学的"（science-thinkers），这正是"哲学科学"的重要使命所在。

（3）与马克思在《1844年经济学哲学手稿》中的表述类似，晚年恩格斯在《费尔巴哈论》中表明，尽管历史科学与自然科学都采用科学路径，但历史科学包括哲学科学，正如哲学科学包括历史科学一样，他们将在唯物主义的基础上协调为一门学问，以社会和人化自然为其研究对象，而"在包括哲学在内的历史科学的领域内，那种旧有的在理论上毫无顾忌的精神已随着古典哲学完全消失了"[②]，取而代之的新哲学所涵盖的以往的哲学的形式是逻辑和辩证法。这时的逻辑和辩证法扬弃了德国古典哲学的唯心主义形式，具有科学特征，与现代唯物主义紧密结合。正如海德格尔所言："wissenschaft这个词充满激情，这种激情使我们牢牢地掌握了与我们对立的事物，掌握了应对与我们对立的事物的自我方式。"[③]在这个意义上，海

① 炎冰：《追思科学——历史与哲学视域中的科学话语》，华龄出版社2006年，第1页。

② 《马克思恩格斯选集》第4卷，人民出版社1995年，第258页。

③ Martin Heidegger, *Zollikon Seminars: Protocols-Conversations-Letters*, Medard Boss ed., Evanston: Northwestern University Press, 2001, p. 20.

德格尔的理解引人深思，“马克思在体会到异化的时候，深入到历史的本质性的一度中去了，所以马克思主义关于历史的观点比其余的历史学优越。……在此一度中才有可能有资格和马克思主义交谈”[①]。

（4）历史唯物主义之所以具有哲学形态，并非因为它是纯粹的历史科学，而是因为它具有哲学科学的规定。恩格斯之后的卢卡奇等学者“回到黑格尔”的努力与20世纪80年代以来关于苏联教科书思维模式的批判，都与对历史唯物主义的理解具有重大的思想关联。正是因为人们误解了晚年恩格斯对历史唯物主义的规定，单向度地阐述恩格斯理解哲学的科学立场与实证主义思路，忽视了晚年恩格斯关于哲学科学与历史科学统一的辩证表述，从而认为晚年恩格斯的历史唯物主义缺乏哲学内涵，同时忽视马克思对科学与唯物主义的重视，在对新世界观的重新诠释中未能揭示科学在现代哲学摆脱困境的过程中起到的现实作用。在这个角度讨论马克思与恩格斯的学术思想关系问题，与从对黑格尔哲学的理解角度把握他们的差异不可同日而语。因为恩格斯同样看到，不能让历史科学“敌视

① 《海德格尔选集》上卷，孙周兴选编，上海三联书店1996年，第383页。

人”，哲学科学的研究内容是科学，研究方法是哲学，历史唯物主义是马克思和恩格斯的历史哲学理论。①

概言之，用“科学”话语表述历史唯物主义，体现了马克思和恩格斯对哲学的时代性与现实性的重新规定，其中“哲学科学”及其与“历史科学”在唯物主义基础上的统一是理解历史唯物主义的关键。“哲学科学”并非旨在用科学规定哲学，而旨在用哲学审视、反思乃至评价科学，为科学研究与应用提供理想视域、批判思路与价值诉求。这时哲学并非置身于科学之外，而在科学之中，它与各门具体科学同行，以反思的方式在场。因此“哲学科学”学者不是“做科学的”，而是“思科学的”，15世纪以来的科学研究进展是马克思主义哲学融通哲学性与科学性的历史成因。

① 马克思在《给〈祖国纪事〉杂志编辑部的信》中指出，“使用一般历史哲学理论这一把万能钥匙，那是永远达不到这种目的的，这种历史哲学理论的最大长处就在于它是超历史的”。他批判“一般”“超历史的”“这种”历史哲学，而非全部历史哲学。参见《马克思恩格斯选集》第3卷，人民出版社1995年，第342页。

(二)《费尔巴哈论》中文版编译与研究概览

《路德维希·费尔巴哈和德国古典哲学的终结》最早的中译文收录在林超真1928年编译的《宗教、哲学、社会主义》一书中，该书编者认为，这是“根据法国马克思正统派理论家保罗·拉法格的直译本，转译为中文的，译笔的流畅明白，是近来翻译界所罕见的。所以我们相信这一巨著是研究马克思主义者的必要读物”[①]。该版本出版第二年两次再版。1929年底，彭嘉生根据德国人赫尔曼·董克耳编选的德文版并参照英文版和法文版翻译的该书在上海南强书店出版，书名译为《费尔巴哈论》，该译本还包括原编者序言和《费尔巴哈论纲》《〈费尔巴哈论〉补遗》《史的唯物论》《法兰西唯物论史》《马克思的唯物论及辩证法》这五篇附录。1930年4月，向省吾根据《马克思主义文库》第3卷德文本并参照日本版翻译的该书在上海江南书店出版，书名译为《费尔巴哈与古典哲学的终末》，该译本还包括译本序言和赫尔曼·董克耳的编者序言。1932年5月，上海昆仑书店出版了杨东莼、宁敦伍的译

---

① ［德］恩格斯：《宗教、哲学、社会主义》，林超真译，上海沪滨书局1928年，封底。

本，译名为《机械论的唯物论批判》，同样是根据董克耳的编选本翻译的，不仅包括原编者序言、恩格斯序言、彭嘉生译本的五个附录，还有《费尔巴哈论纲原稿译文》《观念论的见解与唯物论见解之对立》《普列汉诺夫对费尔巴哈的序言和评注》这三个附录。同年11月，上海社会主义研究社出版了青骊、刘易斯编译的英汉对照本，译名为《费尔巴哈论》，是根据黎威·奥斯丁的英文本转译的。1935年3月，上海辛垦书店出版的《黑格尔法哲学批判》收入柳若水摘译的《路德维希·费尔巴哈和德国古典哲学的终结》第一节的内容，时译“从黑格尔到费尔巴哈”。1937年6月，韩奋摘译的《路德维希·费尔巴哈和德国古典哲学的终结》第四章的脚注发表在《读书偶译》上，译为“恩格斯的自白”。同年12月，上海生活书店出版了张仲实根据俄文版翻译的《费尔巴哈论》一书，该书收入《关于费尔巴哈的提纲》《伟大的哲学家》和《费尔巴哈与新兴哲学》这三篇文章，后两篇文章是为纪念费尔巴哈逝世65周年发表而写的，原载苏联《真理报》。该译本1938年2月再版，1949年再版时根据俄文1948年《马克思恩格斯文选》校正。1948年8月，周建人编译的《新哲学手册》中收入了《路德维希·费尔巴哈和德国古典哲学的终结》

的部分内容。

1949年10月，文源出版社出版了曹真翻译的《费儿巴赫》，附有马克思的《费儿巴赫纲要》，但不包括序言。1955年唯真校订的根据俄文版翻译的《马克思恩格斯文选》收入《路德维希·费尔巴哈和德国古典哲学的终结》。1957年4月，内蒙古人民出版社出版了达什多尔吉翻译的蒙文版。1965年9月出版的《马克思恩格斯全集》中文1版第21卷收录了基于张仲实译本并根据《马克思恩格斯全集》德文版译校的《路德维希·费尔巴哈和德国古典哲学的终结》。1972年5月出版的《马克思恩格斯选集》中文1版第4卷收入该版本，包括普列汉诺夫为俄译本写的序言和注释以及《普列汉诺夫哲学著作选集》俄文版编者为普列汉诺夫的序言和注释所作的注释。其间，该版本单行本也多次印行。1974年10月—1980年4月，民族出版社先后出版了根据中央编译局译本翻译的朝鲜文版、蒙文版、维吾尔文版、哈萨克文版、藏文版的《路德维希·费尔巴哈和德国古典哲学的终结》。1977年夏，因中共中央党校选编学员使用的内部教材，请中央编译局重新修订《路德维希·费尔巴哈和德国古典哲学的终结》，著名学者熊伟、贺麟、杨一之等参与修订，此修订版收入《马列著作毛泽东著作选读》，较《马克思恩格斯全集》中文1版收录的这部文本有较多改进。1995年6月，《马克思恩格斯选集》中文2版收入了《马克思恩格斯全集》中文1版第21卷收入的该文本译文。2009年12月，《马克思恩格斯文集》收入了根据《马克思恩格斯全集》德文版第21卷翻译的该文本。2012年9月，《马克思恩格斯选集》中文3版第4卷沿用此译本。

与此同时，中国学者对《费尔巴哈论》的研究也颇为可观。最早出版的关于《费尔巴哈论》的研究专著是1960年河北人民出版社出版的乐燕平的《“费尔巴哈和德国古典哲学的终结”解说》，该书1978年修订再版，因注释翔实、解读清晰，一度成为学界关于该文本教学与研究的重要参考书。1973年，人民出版社出版了中共中央党校编写组编写的《〈路德维希·费尔巴哈和德国古典哲学的终结〉提要和注释》，同年北京人民出版社出版了《用唯物辩证法观察路线斗争——学习〈路德维希·费尔巴哈和德国古典哲学的终结〉的体会》。1976年，北京师范大学哲学系进修班教学组编印了《〈路德维希·费尔巴哈和德国古典哲学的终结〉讲稿》。1978年，中共江苏省委学校教研室编印了《〈路德维希·费尔巴哈和德国古典哲学的终结〉学习辅导》，同年中共广东省委党校编印了《〈路德维希·费尔巴哈和德国古典哲学的终结〉和〈唯物主义和经验批判主义〉部分注释》。以上解读文本大致呈现了改革开放以前高校、党校教师研读和讲授该文本的历史印记。1979年，天津人民出版社出版了王守昌编著的《〈路德维希·费尔巴哈和德国古典哲学的终结〉浅说》。1980年，中共广西壮族自治区委员会党校教研室编印了《恩格斯〈路德维希·费尔巴哈和德国古典哲学的终结〉辅导材料》。1982年，青海人民出版社出版了五院校联合编写组编写的《〈路德维希·费尔巴哈和德国古典哲学的终结〉解说》。1983年，中国人民大学哲学系哲学教研室编印了《〈路德维希·费尔巴哈和德国古典哲学的终结〉讲解》。1984年，河南人民出版社出版了十四所高等院校马克思主义哲学原著《教程》编写组编写的《〈路德维希·费尔巴哈和德国古典哲学的终结〉教程》。1985年，武汉大学出版社出版了司马志纯编著的《恩格斯对前哲学信仰的清算——〈路德维希·费尔巴哈和德国古典哲学的终结〉研究》。1987年，天津人民出版社出版了吴振海等撰写的《〈费尔巴哈论〉教程》。1990年，中央民族学院出版社出版了佟德富、任中夏编著的《〈路德维希·费尔巴哈和德国古典哲学的终结〉浅释》，1997年厦门大学出版社出版了张小金的《德国古典哲学的终结——恩格斯〈费尔巴哈论〉、马克思〈关于费尔巴哈的提纲〉讲解与研究》。以上读本反映了国内高校、党校持续讲授该文本的学术心得和初步研究。

进入21世纪以来，关于该文本的解读与研究的学术性逐渐增强。例如，2001年，中国文联出版社出版了郑又成的《从抽象王国到现实世界——〈费尔巴哈论〉再研究》。2006年，海南出版社出版了王成艺的《马克思主义新世界观的创立——恩格斯〈路德维希·费尔巴哈和德国古典哲学的终结〉研究》。2016年，中国社会科学出版社出版了郑守林的《马克思历史唯物主义起源的经典阐述——〈费尔巴哈论〉新解》，同年现代出版社出版了徐萌编著的《马克思主义哲学的经典阐释——〈路德维希·费尔巴哈和德国古典哲学的终结〉解读》。2017年，中国民主法制出版社出版了周强、孙厚权编著的《〈路德维希·费尔巴哈和德国古典哲学的终结〉导读》，同年中央编译出版社出版了田毅松编写的《恩格斯〈路德维希·费尔巴哈和德国古典哲学的终结〉研究读本》。

自20世纪50年代以来，关于《费尔巴哈论》的研究论文达数百篇在国内学术期刊和报纸理论版发表，其中有一定代表性的学术论文有：《辽宁大学学报》1979年第4期发表的郭国勋的《〈路德维希·费尔巴哈和德国古典哲学的终结〉的名称和若干特点》，《苏州大学学报》1985年第3期发表的任平的《〈费尔巴哈论〉是创建马哲史学科的基石》，《湘潭大学学报》1986年第3期发表的周建华的《论哲学最高问题——写在〈路德维希·费尔巴哈和德国古典哲学的终结〉发表一百周年》，《内蒙古民族师院学报》1992年第3期发表的天角的《哲学变革与“扬弃”原则——读恩格斯的〈费尔巴哈论〉》，《理论探讨》1995年第4期发表的宗占林的《〈费尔巴哈论〉继承和发展了〈提纲〉所提出的新世界观——纪念恩格斯逝世一百周年》，《江西社会科学》1995年第7期发表的庄福龄的《恩格斯及其面向新世纪的哲学纲领——〈费尔巴哈论〉的读书笔记》，《江海学刊》2004年第6期发表的张建军的《论〈费尔巴哈论〉中“唯物主义”的双重语义——为恩格斯辩护》，《学术研究》2006年第7期发表的任平的《论恩格斯理解哲学革命的出场学视域——120年后对〈费尔巴哈论〉叙事方式的新解读》，《法制与社会》2008年第6期发表的林玲、林禄水的《从马克思主义哲学看当今民族化与国际化之争——读恩格斯〈路德维希·费尔巴哈和德国古典哲学的终结〉》,《南京政治学院学报》2009年第4期发表的梅良勇、杨晶的《论恩格斯对马克思主义哲学阐释的客体向度——重读恩格斯〈路德维希·费尔巴哈和德国古典哲学的终结〉》,《学习与探索》2009年第5期和第6期先后发表的何中华的《恩格斯对“唯物”—“唯心”之争的态度——重读〈路德维希·费尔巴哈和德国古典哲学的终结〉》与臧峰宇的《马克思之后的恩格斯:历史唯物主义的阐释——兼及〈路德维希·费尔巴哈和德国古典哲学的终结〉的解读》,《长白学刊》2012年第2期发表的王立华的《文本差异与逻辑会通——马克思〈关于费尔巴哈的提纲〉》,《江海学刊》2012年第5期发表的臧峰宇的《何谓“哲学科学”——兼及〈德意志意识形态〉和〈费尔巴哈论〉中的“历史科学”规定》,《科学社会主义》2015年第3期发表的边立新的《从马克思主义哲学革命中接受哲学智慧的滋养——重读恩格斯〈费尔巴哈论〉的启迪》,《南京政治学院学报》2016年第6期发表的郭滢、刘怀玉的《马克思主义哲学的基本问题与哲学终结论——读〈路德维希·费尔巴哈和德国古典哲学的终结〉的再思考》。国内学界对这部马克思主义哲学经典文本的持续研究,由此可见一斑。

可以说，在《费尔巴哈论》被译为中文在中国传播90多年来，中国学者对这部经典文本的重读与阐释不断深化。学界对该文本的写作背景、逻辑结构和历史意义的阐述颇为细致，从中再现了该文本内蕴的哲学问题、基本思想和理论价值，也映现了该文本在马克思主义哲学中国化、时代化、大众化进程中所具有的现实性力量。毋庸置疑，重温《费尔巴哈论》的内在逻辑以及它在马克思主义哲学发展史上所发挥的重要作用，对理解哲学基本问题、哲学科学和历史科学的关系以及哲学在现实生活的实际应用仍将具有持续的启发意义。

四、“哲学科学”的理论影响与应用哲学的新视域

与唯物主义的发展一样，人们的科学观念从伽利略为近代科学奠基以来一直引起哲学家的重视，人们对哲学、科学以及哲学与科学的关系的理解历经变幻。梳理近代科学产生以来哲学家对科学的把握，可以为理解马克思和恩格斯的哲学观与科学观提供历史线索，对我们把握历史唯物主义的初始内涵及其时代精神具有重要意义。由是观之，恩格斯在《费尔巴哈论》中阐述的作为“历史科学和哲学科学的总和”的“关于社会的科学”具有深远的理论影响力，不仅承接启蒙以来的科学思维，研究自然界与人类历史领域的重大问题，而且开启了哲学研究的新视域。当然，这种具有明确应用意识的哲学理解与哲学阐释在很大程度上影响了马克思主义学者对“何谓哲学”所作的“科学”理解，具有深刻的思想史印记。

（一）“哲学科学”思路溯源

自弗朗西斯·培根以降，实验科学思维引起哲学家的重视，伽利略将这种思维引入实践，应用实验科学思维在物理学和天文学等领域提出创见，试图使科学从传统哲学与宗教的笼罩中解脱出来。具体科学走出哲学母体的怀抱，转换了哲学包罗万象的特征，自然科学研究获得重大进展。“但是，这种做法也给我们留下了一种习惯：把自然界中的各种事物和各种过程孤立起来，撇开宏大的总的联系去进行考察，因此，就不是从运动的状态，而是从静止的状态去考察；不是把它们看作本质上变化的东西，而是看作永恒不变的东西；不是从活的状态，而是从死的状态去考察。这种考察方法被培根和洛克从自然科学中移植到哲学中以后，就造成了最近几个世纪所特有的局限性，即形而上学的思维方式。”[①]但以科学审视哲学的思路从未停止，以科学扬弃哲学、在科学的夹缝中定位哲学等观点方兴未艾。

原因在于哲学家无法回避自然科学的重要性，取法自

① 《马克思恩格斯选集》第3卷，人民出版社1995年，第360页。

然科学研究以推动社会历史领域的研究一时成为风尚。意大利启蒙哲学家维科以“治理国家之新科学原则暨治理百姓之自然法原则”为名的著作倡导“新科学”理念，他阐述了历史研究的新方法，提出将作品与作者生平和时代背景结合起来的解读思路，对包括马克思和恩格斯在内的后世思想家的历史科学研究影响甚深。马克思看到，“如维科所说的那样，人类史同自然史的区别在于，人类史是我们自己创造的，而自然史不是我们自己创造的”[①]。维科参照培根的观点，看到当时的自然科学研究对历史科学研究的价值，但他同时强调自然史与人类史的区别，批评近代科学的目标，认为历史领域的事情不是预先确定的，而要在特定的社会关系中体现个性特征，这个思路对马克思提出“唯一的一门科学”具有不可忽视的意义。

稍晚于维科的康德同样重视自然史和人类史的联系与区别，他将其引入更深远的思辨视域，将人类认识的视界划分为经验层面和超验层面，并从理性范畴中分解出知性，知性以理性方式思考经验生活，对生成的存在加以定格，证明哲学对或然性知识与应然的规定是科学所不能取

① 《马克思恩格斯全集》第44卷，人民出版社2001年，第428—429页。

代的。新康德主义在社会历史领域倡导哲学的形而上规定，比如李凯尔特以自然和文化的对立作为历史科学的逻辑前提，认为对自然和历史的统一考量固然十分重要，但自然和历史的独特性不能在统一的考量中遭到消解。“文化科学与自然科学的珍贵关系虽然经常得到保护，但也往往以不能容许的方式超越了这两个领域之间的界限。”[①]历史科学不是直观的，它可以对真实加以描述，“从普遍历史的观点看来，是没有任何一种没有历史哲学的历史科学的”[②]。所以，历史科学研究在自然科学家眼中总是不那么“科学”。

在新康德主义流行之前，以孔德为代表的实证主义哲学家是实验科学思维的思想后裔，他们指出历史科学必须以自然科学为典范。作为圣西门的秘书和学生，孔德开创了宗教研究的实证主义路径，他在《实证政治体系或论创建人性宗教的社会学》中致力于使实证主义成为“唯一真正完善的宗教”。孔德对圣西门以来的宗教观念的探讨影

① ［德］李凯尔特:《文化科学与自然科学》,涂纪亮译,商务印书馆1986年,第7页。

② ［德］李凯尔特:《文化科学与自然科学》,涂纪亮译,商务印书馆1986年,第125页。

响甚微，但其实证主义思路得到很多哲学家的认同，20世纪的分析哲学家继承了实证主义研究路径，认为形而上学是伪命题，哲学必须追随科学范式，用准确的概念作精确的分析和严密的推理，比如罗素认为："每个哲学问题，当经受必要的分析和澄清时，就可以看出，它或者根本不是真正的哲学问题，或者是具有我们所理解的含义的逻辑问题。"[①]卡尔纳普指出："哲学只是从逻辑的观点讨论科学。哲学是科学的逻辑，即是对科学概念、命题、证明、理论的逻辑分析；各门科学中有构造概念、命题、假设、理论的各种可能方法，我们从中可以看出一些共同的方面，而哲学就是对这些共同方面的逻辑分析。"[②]石里克认为："作为合理的、不可辩驳的实证哲学方向的内核，对我来说，就是每个命题的意义完全依存于给与的证实，是由给与的证实来决定的。"[③]关于哲学是否科学的争论实则是新康德主义与实证主义争论的延续。

① ［英］罗素：《逻辑是哲学的本质》，洪谦主编：《西方现代资产阶级哲学论著选辑》，商务印书馆1982年，第221页。

② ［美］卡尔纳普：《论哲学问题的特征》，《自然科学哲学问题丛刊》，1985年第1期。

③ ［德］石里克：《实证论与实在论》，洪谦主编：《西方现代资产阶级哲学论著选辑》，商务印书馆1982年，第283页。

从20世纪分析哲学的流行中可见，晚年恩格斯在《路德维希·费尔巴哈和德国古典哲学的终结》中作出的判断十分有力，他指出："一旦对每一门科学都提出要求，要它们弄清楚它们自己在事物以及关于事物的知识的总联系中的地位，关于总联系的任何特殊科学就是多余的了。于是，在以往的全部哲学中仍然独立存在的，就只有关于思维及其规律的学说——形式逻辑和辩证法。其他一切都归到关于自然和历史的实证科学中去了。"[①]何以如此？因为"如果存在的基本原则是从实际存在的事物中得来的，那么为此我们所需要的就不是哲学，而是关于世界和世界中所发生的事情的实证知识；由此产生的也不是哲学，而是实证科学"[②]。这样的判断让很多哲学家感到遗憾，甚至为此低估晚年恩格斯的哲学水准，认为晚年恩格斯否定了哲学的重要价值。

事实上，马克思和恩格斯在批判传统西方哲学的同时，汲取了实证主义的合理内核。马克思将科学确认为历史研究的基础，"像孔德一样，……这对于他也就意味着，要从神秘和形而上学以外的角度来解释历史现象……马克

① 《马克思恩格斯选集》第3卷，人民出版社1995年，第364页。
② 《马克思恩格斯选集》第3卷，人民出版社1995年，第375页。

思毕竟是在声明向历史学家们做出了一种深思熟虑的劝告；用他自己的话来说，他的理论……有着‘科学的’基础”[①]。马克思注重研究对象的科学性和现实性，他看到，“象经济学这样一门科学的发展，是同社会的现实运动联系在一起的。”[②]在这个意义上，列宁对唯物史观的科学归纳不无道理：“自从《资本论》问世以来，唯物主义历史观已经不是假设，而是科学地证明了的原理……唯物主义历史观始终是社会科学的同义词。……是唯一科学的历史观。”[③]在科学昌明的时代，任何忽视科学的思辨都可能缺乏现实性，这样的思辨被马克思视为以往哲学家的研究方式。

更为重要的是，晚年恩格斯强调用“科学”理解哲学的功能，他将培根看作是“英国唯物主义的真正始祖”，因为培根认为“人类的全部知识起源于感性世界”，“自然哲学才是真正的哲学；以感性经验为基础的物理学是自然哲学的最主要的部分”。他在梳理唯物主义发生发展史的

---

① ［英］沃尔什：《历史哲学——导论》，何兆武、张文杰译，社会科学文献出版社1991年，第162—166页。

② 《马克思恩格斯全集》第42卷，人民出版社1979年，第242页。

③ 《列宁选集》第1卷，人民出版社1995年，第10页。

过程中对霍布斯哲学语境中的唯物主义“带有憎恨人类的倾向”提出批评，认为“现代唯物主义起源于英国”，而在18世纪使法国成为唯物主义的“主角”。[①]他所重视的现代唯物主义几乎和科学的昌盛相伴随，这些观点是他和马克思早在《神圣家族》中就表述过的。“为了发展工业生产，……资产阶级没有科学是不行的”[②]。从中可见科学对唯物主义哲学的影响，对科学认识水平的增强，提升了人们的唯物主义观念，恩格斯之所以在《路德维希·费尔巴哈和德国古典哲学的终结》中有概括唯物主义辩证法和唯物主义历史观的自信，正是在于“搜集材料”的历史阶段已经跃迁到“整理材料”的历史阶段，甚至作为哲学的最后两种存在形式也都作为某种科学而存在，一为逻辑科学（die Wissenschaft der Logik），一为“关于自然、人类社会和思维的运动和发展的普遍规律的科学”[③]。

但是，马克思并未以此为基础终结哲学，深谙哲学本性的马克思看到，未来哲学关注的对象更为具体，但哲学终究不是实证科学，哲学仍然以总体的方式呈现世界观。

① 《马克思恩格斯选集》第3卷，人民出版社1995年，第698—700页。

② 《马克思恩格斯选集》第3卷，人民出版社1995年，第706页。

③ 《马克思恩格斯选集》第3卷，人民出版社1995年，第484页。

可以说，马克思和恩格斯扬弃的是在黑格尔思想中集大成的传统哲学，正如晚年恩格斯指出的，“就哲学被看作是凌驾于其他一切科学之上的特殊科学来说，黑格尔体系是哲学的最后的最完善的形式。全部哲学都随着这个体系没落了”。“辩证的思维方式”与“运动”“生成”的观点是黑格尔哲学留给他的继承者的遗产。[①]马克思恩格斯提出的是类似于文艺复兴[②]性质的哲学研究，即将18世纪以来陆续从哲学中分离出去的学科融汇到历史科学中加以综合研究，开启“新世界观”，这既不意味着新兴学科退守到古代哲学论域，也不意味着以实证科学范式扬弃哲学范畴，而是以历史科学研究自然界和人类社会的现实，同时以哲学科学审视变化的现实。在这一点上，晚年恩格斯不仅深刻理解了马克思，而且用清晰的话语表述了马克思的哲学意旨，并为此提出“历史科学与哲学科学的总和”这一合理的表述。

① 《马克思恩格斯选集》第3卷，人民出版社1995年，第362页。

② 值得提及的是，文艺复兴不仅是哲学与文化的复兴运动，也是科学的复兴运动，哲学与科学的复兴是对神学的反动，当哲学在对神学的批判中恢复话语权力的时候，科学获得了发展的契机。

（二）应用哲学开启的理论新视域

可以说，20世纪以来兴起的各种应用哲学都是晚年恩格斯在《费尔巴哈论》中所阐述的与“历史科学”在唯物主义的意义上协调起来的“哲学科学”的思想后裔，这些哲学交叉学科的研究对象是各种自然科学或社会科学，但采用的是哲学的工作方式。应用哲学的价值不在于论证各门具体科学之正确，而在于以反思的方式提供价值向度，之所以能从马克思主义哲学理论中分解出马克思主义政治哲学、马克思主义经济哲学、马克思主义文化哲学等马克思主义应用哲学理论，原因正在于马克思主义哲学广义的“哲学科学”旨趣，这种旨趣走出了旧形而上学的宏大叙事，分析具体的科学问题并作价值评价，采用辩证的思维方式，开启实践的历史视域，马克思主义哲学在与当代西方哲学的对话中之所以体现持久的思想活力，原因正在于其深远的历史感与现实感，同时表明马克思主义哲学是以哲学方式在场的，但这种哲学与科学水乳交融，它的科学性是“哲学科学”性，实质是哲学的现实思维样态。

我们可以从多重角度理解《费尔巴哈论》的理论启示，但以具有历史深度的哲学视角深入各门具体科学做应用研究，映现了晚年恩格斯在这部经典文本的经典表述中所具有的深意。当代马克思主义哲学家没有栖居在实践的世界之外，而身体力行地在实践中获得新的生长点，这种努力反映了马克思恩格斯对哲学的希望。马克思指出，“必然会出现这样的时代：那时哲学不仅在内部通过自己的内容，而且在外部通过自己的表现，同自己时代的现实世界接触并相互作用。……哲学正获得这样的意义，哲学正变成文化的活的灵魂，哲学正在世界化，而世界正在哲学化”①。哲学与世界的一致性表明，哲学是基于实践的理性升华，哲学的应用以理想超越现实，以实践的不断提升作为应然的“路标”，人们要在“改变世界”的过程中为世界赋予新的“意义”。当代马克思主义哲学家不仅仍然以精神家园或终极关怀的方式证明哲学思维的有用性，而且通过审视生活中呈现的当代热点问题，体现应有的问题意识，致力于为各种问题的解决提供创造性的思路，进而实现对实践的引导。

正是因为“历史科学”与“哲学科学”的内在一体性存在，当代哲学的应用应具有高远的视野。从思想理应具

① 《马克思恩格斯全集》第1卷，人民出版社1995年，第220页。

有的现实性角度看，哲学若与现实重叠，反而可能看不清现实，也难以发挥哲学的功能。哲学应用不是简单地用哲学原理与生活实际对号入座，而是具有复杂的运作机制，“要经过几处原理（理论理性），从实践理性到实践活动的‘双重变奏’，即二次转化过程，亦即理论走向实践的具体过程。前者主要是基础理论研究的任务，是完成‘第一变奏’；后者则是整个哲学应用的任务，是要完成‘双重变奏’”[①]。哲学应用不是理论与实践的直接对接，它不仅要关注现实，而且要超越现实。哲学应用不是目的，而是审视和完善未来生活的方式。哲学应用在“已是”通往“将是”的过程中展开，不缺失境界和意义，哲学应用的自觉其实是人文关怀的自觉。

当代哲学的应用不是为生活世界作“注脚”，更不是工具理性的附庸。当代马克思主义哲学家关注人们的实践活动和社会发展过程，致力于改善人们的日常生活境遇，这种应用意识表现为对生活世界的实践反思。如果说哲学应用意味着哲学以现实的方式为自身有用而辩护，不如说哲学应用的对象以哲学的规定为自身的价值辩护。当代哲

① 郭国勋:《马克思主义哲学应用释义》,辽宁大学出版社2006年,第92页。

学以创造性的方式应用，不会消解于具体科学之中，不会仅仅成为科学的理论解释。当代哲学的应用具有现实的基础又超越现实的内容，它开掘了人的潜能，体现了人对现实的要求。在这个意义上，对哲学的应用与科学的应用不可等同视之。由此我们可以把握“学哲学用哲学”的思维路径，从而实现了哲学的学用结合，促进了理论与实践的统一。

当代马克思主义哲学家扎根于实践，探究社会现实问题的深层意蕴及其相互关联的场域，思索事情的性质与内在机制，面对变化发展的实践，实现人的本质力量的对象化。面对现实问题，当代哲学经由理论分析和概括，体现自身的社会功能。总的来说，人们理解哲学的工作方式有两种，一种是“从理论原则看实践”，另一种则是“从实践需要看理论”[①]。前者从哲学文献出发，衡量现实生活是否符合文献的历史规定；后者从实际生活中的问题出发，尽管同样秉持自身的思想特征，但不局限于在书斋中实现理论的自我论证，而以解析生活中的现实问题为自身的理论使命，在审视问题的过程中推动理论发展。当代马

① 安启念:《马克思主义中国化:“化什么”?“如何化”?》,《中国社会科学院报》,2008年11月18日。

克思主义哲学家致力于使经典文献研究与现实问题研究相结合，实现理论与实践的统一，为此重视理论之于实践的批判性与建设性，强调运用哲学思维理解变化发展着的社会现实，冲破妨碍发展的观念，改变束缚发展的规定，革除影响发展的弊端，使人们了解哲学的社会功能。

毛泽东强调学哲学用哲学，提倡将理论研究运用到生活实践中去。他应用哲学来分析中国社会发展的重大问题和国际社会的风云变幻。《实践论》《矛盾论》等名篇至今仍被国际学界深入解读，很多学者在审慎研读的基础上，得出了新颖的解读结论。毛泽东哲学的思想深度不是通过晦涩难懂的文字来表达的，他的文字表达清楚而凝练，彰显深厚的中国文化底蕴，又具有鲜明的时代感，而表达的内容具有深远的哲学境界。毛泽东哲学的问题意识、语言风格、实践旨趣、文化品位、精神境界等对当今的哲学研究具有重要的启示意义，他倡导的马克思主义哲学中国化、时代化和大众化等研究思路至今是中国学人促进哲学发展的精神财富。改革开放以来，马克思主义哲学研究立足中国国情，紧扣中国问题，使用中国语言，彰显哲学与时俱进的理论品格，使之不仅在形式上通俗易懂，而且在思想上关注民生、服务民众①，深刻回应了社会发展对哲学理论的需要。今天，马克思主义哲学研究者要进一步注重哲学的传播效果，自觉应用哲学观察社会现实问题，探索促进经济社会高质量发展的思想方法，深入探究新发展理念，诉求满足人民群众日益增长的美好生活需要的价值目的。

① 参见臧峰宇:《哲学创新与教学改革》,《教学与研究》,2010年第5期。

五、马克思主义哲学时代化与中国道路的世界历史意义

《费尔巴哈论》不仅是阐释马克思主义哲学的经典文本，也是普及马克思主义理论的关键文本，因其文字通俗、简洁易懂，在马克思主义哲学传播过程中曾发挥过重要作用，也被视为马克思主义哲学在中国传播的重要思想路标。在救亡与启蒙的重奏中，马克思主义哲学与中华优秀传统文化相结合，开启了马克思主义哲学中国化的历史进程。由于《费尔巴哈论》是苏联哲学教科书编写的重要参考文本，随着“以俄为师”与苏联马克思主义哲学的传入，该文本成为中国高校马克思主义哲学原著课程的重要教学内容以及马克思主义哲学原理教科书的重要引文来源，其中关于哲学普及、哲学的民族化和哲学的时代化的论述颇具启发效应。今天，当我们回到马克思恩格斯开创新世界观的历史语境，重新理解《费尔巴哈论》的思想意

旨和历史价值，仍能发现这部经典文本的内在逻辑所具有的思想力量，而这对我们把握中国道路的世界历史意义仍然具有持久的启示。

（一）《费尔巴哈论》的大众化表述与现代中国的思想启蒙

若使哲学成为群众手中的精神武器，必以哲学实现思想启蒙为前提，进而使人们自觉呈现思想的力量。以《费尔巴哈论》为例，我们可以发现晚年恩格斯哲学思想在中国革命、建设和改革的不同时期均为人们所深入了解。今天，我们可以进一步理解并灵活运用晚年恩格斯的哲学启蒙思路和普及方法，推动马克思主义哲学中国化、时代化、大众化。

首先，恩格斯在《费尔巴哈论》中以“新世界观”启蒙民众并使工人形成掌握唯物史观的理论自觉。对“启蒙”作出规定的康德曾因其著作不够通俗而深感遗憾：“缺乏通俗性是人们对我的著作所提出的一个公正的指责。

因为事实上任何哲学著作都必须是能够通俗化的，否则，就可能是在貌似深奥的烟幕下，掩盖着连篇废话。”[①]很多缺乏哲学思维训练的普通读者阅读马克思主义哲学论著时同样会遇到理解上的困难。而“恩格斯被看成是通俗叙述的能手，大多数有思想的无产者都愿意读他的文章。许多从事社会主义运动的人，都是从他的著作中获得知识并理解马克思和恩格斯的理论的”[②]。晚年恩格斯意识到，人类已经从搜集材料的时代进入整理材料的时代，为此应启蒙民众自觉砸碎现实的枷锁，而政治实践对工人来说不是一个学院派的问题，而是与生存实际相关的现实问题，这样就需要将新时代的新世界观娓娓道来，呈现大众哲学的理想读本，在革命语境中切实促进马克思主义哲学的普及。

其次，恩格斯恰当处理马克思主义哲学的学术研究和理论普及的关系问题。鉴于恩格斯在普及马克思主义哲学方面的卓越贡献，人们曾将其视为解释马克思哲学的权威，但他对马克思主义哲学的通俗阐释也遭到不少理论家

---

① 《康德书信百封》，李秋零编译，上海人民出版社1992年，第86页。

② ［德］卡·考茨基：《恩格斯的生平和著作》，中共中央编译局编：《回忆恩格斯》，人民出版社2005年，第197页。

的诟病，最突出的批评就是他难以企及马克思的哲学深度。且不说马克思和恩格斯有不同的研究分工，仅在恩格斯“以10多年的时间研究各种科学的一般哲学，考察一切科学及其最新的成就”[①]这一点上就可以看到，他在学术研究方面的认真程度并不逊色于马克思。当人们认为恩格斯在《费尔巴哈论》等哲学文本中阐释的唯物主义自然观是18世纪法国唯物主义的翻版时，几乎忘记了恩格斯对这些百科全书派作家的评价。恩格斯深知精深的理论研究是哲学普及的前提，浅薄的理论是无所谓大众化的，而将精深的哲学理论普及给普通民众，尤其要考量普及者的理论深度、表述方法和文字力度。

再次，形成符合新时代发展要求的学术理论，必须在实践中继承理论传统中的精华。因为“每一个时代的哲学作为分工的一个特定的领域，都具有由它的先驱传给它而它便由此出发的特定的思想材料作为前提”[②]。尽管恩格斯在青年时代与马克思合撰了不少哲学文献，但当他系统地表达马克思主义哲学观念时，只能独自完成

① ［法］保尔·拉法格:《忆恩格斯》,中共中央编译局编:《回忆恩格斯》,人民出版社2005年,第26页。

② 《马克思恩格斯选集》第4卷,人民出版社1995年,第703—704页。

这一内涵深邃的理论工作了。整理马克思遗稿的同时，晚年恩格斯以通俗晓畅的笔触论述马克思和他共同创立的“新唯物主义”，尽管在理论研究上有自己的侧重点，例如对唯物主义自然观和哲学的科学性的阐述，但马克思哲学的核心观念几乎均得到应有的强调。这并不意味着恩格斯缺乏理论创新能力，相反，“恩格斯从来也不仅只是马克思的解释者和助手——不论是在马克思生前或死后，始终一样——而是独立工作的合作者，虽然不能和马克思相等，但足以和他相比的”[①]。晚年恩格斯致力于在新的时代条件下丰富和发展马克思和他的“新世界观”，正像他在晚年经常发表文章的《新时代》杂志的名称，晚年恩格斯在阐述哲学理论的创见时具有鲜明的时代意识。

可以说，促进马克思主义哲学时代化，使与时俱进的马克思主义哲学成为人们奋斗与超越的精神力量，需要汲取恩格斯在《费尔巴哈论》中的思路和方法。既要有启蒙民众的理论自觉，也要有普及理论的整体思路，还要恰当处理学术研究和理论普及的关系问题。回首马克思主义哲

① ［德］梅林：《保卫马克思主义》，古洪译，人民出版社1982年，第295页。

学在中国的早期传播，尽管流传的多为摘译、节译或译文不够理想的版本，但马克思主义哲学的关键话语、思维力量和价值诉求在民众心中涌起波澜，关键就在于其符合实践的需要。在全面深化改革的重要历史时期，实践迫切需要具有深刻解释力和深远指导性的为人们所喜闻乐见的中国化马克思主义哲学。以简洁明快的文风表达深刻的哲学意旨，寻找使马克思恩格斯哲学思想方法和价值诉求深入人心的科学路径，提高马克思主义哲学的实践功能[①]，满足人民日益增长的美好生活需要，是促进马克思主义哲学时代化的可行路径。

（二）马克思主义哲学民族化与现代哲学的中国风格

作为一种普遍有效的思想方法，马克思主义哲学并非在不考虑时间、地点、条件的普适境遇中为各文明民族所因循，而以其各具特色的民族形式体现哲学的现实价值。

① 参见臧峰宇:《哲学创新与教学改革》,《教学与研究》,2010年第5期。

正如黑格尔所说："只有当一个民族用自己的语言掌握了一门科学，我们才能说这门科学属于这个民族了，这一点，对于哲学来说最有必要。"①以马克思主义理论为指导的社会革命固然是一项力图解放全人类的国际事业，与狭隘的民族主义无涉，但马克思主义哲学在各文明民族中确实有各具特色的理解方式和表达形式。若使马克思主义哲学在各文明民族中更好地发挥实践功能，就必须使之获得民族形式，也就是将马克思主义哲学原理与各民族的实际相结合，使之更好地成为争取民族独立和人民解放的人们熟练掌握和灵活使用的精神武器。

除了在《费尔巴哈论》中阐述"德国工人运动"对德国古典哲学的集成之外，晚年恩格斯还在一系列序和跋中阐述了马克思主义哲学民族化的必要性。例如，他在为《哥达纲领批判》所作的序言中写道："马克思和我对德国运动的关系，比对其他任何一国运动的关系都更为亲切。"②作为出生于普鲁士的革命理论家，马克思和恩格斯最熟悉德国人的文化习惯和实践活动中的革命因素，晚年

① ［德］黑格尔：《哲学史讲演录》第4卷，贺麟、王太庆译，商务印书馆1981年，第187页。

② 《马克思恩格斯选集》第3卷，人民出版社1995年，第294页。

恩格斯时常称自己为“德国人恩格斯”，建议拉法格称自己为法国人，这种表述被有些学者质疑为“条顿森林”式的自信，实际上是对马克思主义的德国风格的强调。马克思主义哲学民族化的观点在恩格斯对马克思主义“彻底美国化”的强调中体现得更为明显。他在为《英国工人阶级状况》美国版所作序言《美国工人运动》中指出，英国工人阶级的革命纲领在美国“必须完全脱下他的外国服装，必须成为彻底美国化的党”[①]。他在《法兰西内战》导言中也强调美国与欧洲的差别：“那里没有王朝，没有贵族，除了监视印第安人的少数士兵之外没有常备军，不存在拥有固定职位或享有年金的官僚。”[②]在恩格斯看来，美国人同样渴望摆脱资本逻辑的桎梏，但马克思主义在美国应有独特的实现形式。

在根据游历美国的所见所闻写作的《美国旅行印象》中，晚年恩格斯再次以饱含希望的笔触论述了美国革命条件的独特性：“美国是一个新世界，新不仅就发现它的时间而言，而且是就它的一切制度而言；这个新世界由于藐视一切继承的和传统的东西而远远超过了我们这些旧式

① 《马克思恩格斯文集》第4卷，人民出版社2009年，第323页。
② 《马克思恩格斯选集》第3卷，人民出版社1995年，第12页。

的、沉睡的欧洲人；这个新世界是由现代的人们根据现代的、实际的、合理的原则在处女地上重新建立起来的。美国人也总是竭力使我们相信这种看法。他们瞧不起我们，认为我们是迟疑的、带有各种陈腐偏见的、害怕一切新事物的不切实际的人；而他们这个前进最快的民族（the most-go-ahead nation），对于每一个新的改进方案，会纯粹从它的实际利益出发马上进行试验，这个方案一旦被认为是好的，差不多第二天就会立即付诸实行。在美国，一切都应该是新的，一切都应该是合理的，一切都应该是实际的，因此，一切都跟我们不同。”[①]这显然并非简单赞赏美国之于欧洲的革命优势，而更多的是强调作为“新世界”的美国应探索新的符合民族特色的革命途径，使马克思主义与美国社会实际相结合。

在中国革命、建设和改革的历史进程中，马克思主义哲学获得了中华民族形式，这种理论成就基于中国革命正反两方面经验。为了反对红军中的教条主义危害，毛泽东撰写了《反对本本主义》，指出“没有调查，没有发言权”，“中国革命斗争的胜利要靠中国同志了解中国情况”，

① 参见《马克思恩格斯全集》第21卷，人民出版社1965年，第534页。

“我们说马克思主义是对的，决不是因为马克思这个人是什么‘先哲’，而是因为他的理论，在我们的实践中，在我们的斗争中，证明了是对的”。“马克思主义的‘本本’是要学习的，但是必须要同我国的实际情况相结合。我们需要‘本本’，但是一定要纠正脱离实际情况的本本主义。”[①]这些话语通俗地表明马克思主义哲学基本原理和中国革命具体实践相结合的必要性。事实证明，每当固守马克思主义的“本本”，“长期拒绝中国革命的经验”，“生吞活剥马克思主义书籍中的只言片语，去吓唬人们”，[②]中国革命就会遭遇坎坷。只有做出符合中国国情的战略决断，中国革命才会走向胜利。

毛泽东深刻地认识到，“马克思主义必须和我国的具体特点相结合并通过一定的民族形式才能实现。马克思列宁主义的伟大力量，就在于它是和各个国家具体的革命实践相联系的”[③]。他运用喜闻乐见的中国话语阐述马克思主义革命理论，强调实事求是、群众路线和独立自主，确立了中国化马克思主义哲学的理论形态。他赋予《汉书·

---

① 参见《毛泽东选集》第一卷，人民出版社1991年，第109—118页。

② 《毛泽东选集》第一卷，人民出版社1991年，第282页。

③ 《毛泽东选集》第二卷，人民出版社1991年，第534页。

河间献王传》中的“实事求是”一词以马克思主义哲学的时代规定，“‘实事’就是客观存在着的一切事物，‘是’就是客观事物的内部联系，即规律性，‘求’就是我们去研究。我们要从国内外、省内外、县内外、区内外的实际情况出发，从其中引出其固有的而不是臆造的规律性，即找出周围事变的内部联系，作为我们行动的向导”①。这种对“实事求是”的时代阐释反映了贵生务实的文化传统，体现了马克思主义科学理性精神，强调一切从实际出发，理论联系实际，掌握客观规律，发挥主观能动性，体现了马克思主义哲学的中国风格。

改革开放以来，学界进一步克服以往理解马克思主义哲学的局限，在历史唯物主义视域中确认改革的时代所需要的中国化马克思主义哲学理论。邓小平指出，“马克思主义必须是同中国实际相结合的马克思主义，社会主义必须是切合中国实际的有中国特色的社会主义”，在改革开放的中国语境中重新理解马克思主义，是马克思主义哲学研究的时代需要，因为“什么叫马克思主义，什么叫社会主义？我们过去对这个问题的认识不是完全清醒的”②。

---

① 《毛泽东选集》第三卷，人民出版社1991年，第801页。

② 《邓小平文选》第三卷，人民出版社1993年，第63页。

“问题是什么是社会主义，如何建设社会主义。我们的经验教训有许多条，最重要的一条，就是要搞清楚这个问题。”[①]改革开放与思想解放相伴而行，作为中国社会现代化的哲学基石，面向改革的中国马克思主义哲学家强调尽快发展社会生产力，凸显人的主体性和实践标准，在和平与发展的时代建设社会主义市场经济，坚持以公有制为主体，多种所有制共同发展，以按劳分配为主体，多种分配方式共存，坚持中国特色社会主义发展道路。

以中国化马克思主义哲学为指导的中国道路是新中国成立以来中国有识之士选择的建设与改革之路，是党领导人民的自主探索、不沿袭任何模式、彰显中国风格、探索社会发展道路的杰作。中国道路展示中国经验，解决中国问题，表达中国话语，提炼中国元素，把握国情和世情，是“中国制造”的中华民族复兴之路，是思维开放、视野广阔的和谐、人本、科学发展之路，是展望长远的务实进取之路，是谋求和平、发展、文明、繁荣、和谐的成功之路，因而具有世界历史意义。建设中国特色社会主义，必然要进一步发展具有中国风格和中国气派的马克思主义哲

① 《邓小平文选》第三卷，人民出版社1993年，第116页。

学，确认中国化马克思主义哲学的时代精神，使之更好地适应全面深化改革的实际需要，为中华民族伟大复兴的中国梦提供与时俱进的智力支持。

（三）理解中国道路的世界历史意义

马克思和恩格斯在阐述唯物史观时强调世界历史，因为人类在走向现代文明的过程中塑造世界历史。正如欧洲国家的崛起所产生的世界影响，十月革命的胜利和东方国家的社会主义革命同样在创造世界历史，以此视角理解百年来中国社会发展历程，可以看到恩格斯在《费尔巴哈论》等哲学文本中阐释的观点得到人们愈益深入的理解，而哲学思维与时俱进的自觉意识、在实践中继承理论传统中的精华的努力以及扎实的理论功底和综合分析现实问题的理论素养也在马克思主义哲学时代化的同时得到深刻体现。从强调辩证唯物主义和历史唯物主义体系，强调生产力决定生产关系和经济基础决定上层建筑等基本原理，到强调实践是检验真理的唯一标准，强调人的主体性、实践唯物主义和价值论研究，再到强调以人为本、和谐社会和科学发展，强调民族复兴、公平正义与国家治理体系和治理能力现代化，体现了中国化马克思主义哲学的一脉相承和与时俱进。马克思主义哲学在中国式现代化进程中始终是与时俱进的精神坐标。伴随“实践是检验真理的唯一标准”这一改革开放的哲学宣言，改革开放不断走向深入，马克思主义哲学的改革也不断取得丰硕成果。[①]全面深化改革，实现中华民族伟大复兴的中国梦，需要进一步解放思想、实事求是，促进马克思主义哲学时代化，以之解析复杂而深刻的社会矛盾和公共问题。

回首180余年来中国社会发展历程可见，有识之士始终探索以各种方式实现中华民族伟大复兴的梦想。历史不断告诉人们，实现中国梦，不能简单模仿西方国家的发展模式，不能在虚无的臆想中拼接传统文化的瓦片，不能在脱离实际生活的语境中作教条式的引申。中国梦体现了中国精神和中国力量，是中国社会发展的实际需要，既具有民族文化的个性烙印，又具有包容天下的时代特征。所以，“当代中国梦不是排外的梦，而是改革开放的梦，是与其他民族梦相互映照的梦。其他民族的梦给了我们许多

① 参见臧峰宇:《深化改革与哲学创新》,《中国人民大学学报》,2009年第2期。

启迪，激活了我们民族内在的想象力和创造力；我们的梦也会给世界带来许多新的色彩，让世界变得更加姹紫嫣红、多彩多姿”[①]。作为一个喜闻乐见且得到全球热议的概念，中国梦生动地归纳了中国在现代化进程中的拼搏与憧憬，表达了中华腾飞的未来远景。

可以说，中国梦彰显了180余年来中国经济社会发展的历史主线，确认中国梦的文化定位，实则是以历史唯物主义的文化思路阐释中国式现代化之路。回顾180余年来中国社会发展的历史进程，审视中国问题在不同历史时期的呈现方式与解决方案，我们应当看到，曾饱受帝国主义、殖民主义欺凌的中华民族历经磨难，始终探寻国家富强、民族复兴和人民幸福的梦想，始终在和平发展的道路上奉行互利共赢的开放原则。中国社会发展既关系到14亿人口的生活境遇，也关系到世界发展的总体格局。作为世界上最大的发展中国家，中国有显著的发展成就，也有很多制约进一步发展的难题，如何突破这些难题，以更高远的梦想引领中国腾飞，为世界和平与发展贡献中国智慧，是实现中国梦需要思考和解决的重要问题。

---

① 韩震:《中国梦的理论构建与哲学社会科学的责任》,《光明日报》,2013年5月17日。

实现中国梦必须走中国道路，中国道路是中华民族复兴之路，承载着五千年中华优秀传统文化积淀的中国道路具有务实的自我纠偏能力，具有善邻怀远的文化胸怀，中国道路蕴含着中国人的感情、中国人的智慧，体现着中国人的文化理念与价值诉求，用中国的语言表达经实践证明的中国化马克思主义社会发展理论。国际社会对中国梦的关注，既是对中国现实与未来的审视，也是对中国精神所具有的全球价值的期待。在当今时代，以改革开放的创新思维激发当今中国文化在现代化进程中的时代活力，系统揭示现代中国文化发展的实践逻辑，阐释现代中国文化发展的价值诉求，需要凝聚全体中华儿女的智慧和力量，形成社会发展的合力，共同实现国家富强和人民幸福，提升现代社会的文化氛围，在改变中国的历史进程中为世界文明的发展作出奉献，从而彰显中国道路的世界历史意义。

今天，进一步推动经济社会实现高质量发展，应当深刻阐述面向时代问题的具有中国风格和中国气派的马克思主义哲学，凸显马克思主义哲学的实践功能，以发展着的马克思主义哲学阐释中国经济社会发展的辉煌成就，实现理论和实践的互动和统一，使马克思主义哲学成为我们解决实际问题的看家本领。“必须高度重视理论的作用，增强理论自信和战略定力，对经过反复实践和比较得出的正确理论，要坚定不移坚持。要根据时代变化和实践发展，不断深化认识，不断总结经验，不断实现理论创新和实践创新良性互动，在这种统一和互动中发展21世纪中国的马克思主义。”[①]为此，要强调理论研究的问题意识，强调实践发展的原则高度，满足中国特色社会主义实践和中国马克思主义哲学理论创新的双重需要，呈现中国化马克思主义哲学发展的新境界。

综上所述，马克思主义哲学的传播引发了具有世界历史意义的社会变革，其根本原因在于马克思主义哲学的现实特质和时代品格，晚年恩格斯在《费尔巴哈论》等哲学文本中通过对哲学普及、哲学的民族化和时代化的强调，使马克思主义哲学几乎在一切文明民族中成为人们改变世界的自觉意识。马克思主义哲学在中国的传播，实现了科学理性的启蒙，使人们进入自觉塑造历史的进程。在党领导人民进行的百年奋斗中，中国马克思主义哲学得到丰富和发展，人们不仅深入理解包括《费尔巴哈论》在内的马

① 《习近平在中共中央政治局第二十次集体学习时强调　坚持运用辩证唯物主义世界观方法论　提高解决我国改革发展基本问题本领》,《人民日报》,2015年1月25日。

克思主义哲学经典文献，而且自觉运用包括晚年恩格斯哲学在内的马克思主义哲学经典理论和思想方法改变世界，从而体现了理论与实践的统一。在开启全面建设社会主义现代化国家新征程上，我们要进一步理解中国道路的世界历史意义，进一步促进马克思主义哲学中国化、大众化和时代化，以喜闻乐见的方式表达具有时代高度和理论深度的马克思主义哲学理论，妥善处理中国经济社会发展进程中产生的若干重大关系问题，这是以马克思主义哲学的时代精神凝聚中国力量的应有之义。

原著选读

A BRIEF
INTRODUCTION
TO ON
FEUERBACH

弗·恩格斯

路德维希·费尔巴哈和德国古典哲学的终结*

1888年单行本序言

马克思在《政治经济学批判》(1859年在柏林出版)的序言中说,1845年我们两人在布鲁塞尔着手“共同阐明我们的见解”——主要由马克思所制定的唯物主义历史观——“与德国哲学思想体系的见解之间的对立,实际上是把我们从前的哲学信仰清算一下。这个心愿是以批判黑格尔以后的哲学的形式来实现的。两厚册八开本的原稿早已送到威斯特伐里亚的出版所,后来我们才接到通知说,由于情况改变,不能付印。既然我们已经达到了我们的主要目的——自己弄清问题,我们就情愿让原稿给老鼠的牙齿去批判了”①。

从那时起已经过了40多年,马克思也已逝世,而我们两人谁也没有过机会回到这个题目上来。关于我们和黑格尔的关系,我们曾经在某些地方作了说明,但是无论哪个地方都

* 此选文引自《路德维希·费尔巴哈和德国古典哲学的终结》,《马克思恩格斯选集》第4卷,人民出版社2012年中文第3版,第217—265页。引用时对原文有适当调整,主要是对原文中脚注、文末注混用的情况,统一成脚注形式,以方便读者阅读。选文脚注中的“编者注”及正文中的页码为保留的原文。

① 《马克思恩格斯选集》中文第2版第2卷第34页。——编者注

不是全面系统的。至于费尔巴哈，虽然他在好些方面是黑格尔哲学和我们的观点之间的中间环节，我们却从来没有回顾过他。

这期间，马克思的世界观远在德国和欧洲境界以外，在世界的一切文明语言中都找到了拥护者。另一方面，德国的古典哲学在国外，特别是在英国和斯堪的纳维亚各国，有某种复活。甚至在德国，各大学里借哲学名义来施舍的折中主义残羹剩汁，看来已叫人吃厌了。

在这种情况下，我感到越来越有必要把我们同黑格尔哲学的关系，我们怎样从这一哲学出发又怎样同它脱离，作一个简要而又系统的阐述。同样，我也感到我们还要还一笔信誉债，就是要完全承认，在我们的狂飚突进时期，费尔巴哈给我们的影响比黑格尔以后任何其他哲学家都大。所以，当《新时代》[①]杂志编辑部要我写一篇批评文章来评述施达克那本论费尔巴哈的书[②]时，我也就欣然同意了。我的这篇文章发表在该杂志1886年第4期和第5期，现在经过修订以单行本

---

① 《新时代。精神生活和社会生活评论》(*Die Neue Zeit. Revue des geistigen und öffentlichen Lebens*)是德国社会民主党的理论杂志；1883—1890年10月在斯图加特出版，每月一期，以后至1923年秋每周一期；1883—1917年10月由卡·考茨基担任编辑，1917年10月—1923年秋由亨·库诺担任编辑。从19世纪90年代初起，弗·梅林为该杂志撰稿；1885—1894年恩格斯在杂志上发表了许多文章，经常提出批评、告诫，帮助杂志编辑部端正办刊方向。

② 指卡·尼·施达克《路德维希·费尔巴哈》1885年斯图加特版。——编者注

出版。

在这篇稿子送去付印以前，我又把1845—1846年的旧稿[①]找出来看了一遍。其中关于费尔巴哈的一章没有写完。已写好的部分是阐述唯物主义历史观的；这种阐述只是表明当时我们在经济史方面的知识还多么不够。旧稿中缺少对费尔巴哈学说本身的批判；所以，旧稿对现在这一目的是不适用的。可是我在马克思的一本旧笔记中找到了十一条关于费尔巴哈的提纲，现在作为本书附录刊印出来。这是匆匆写成的供以后研究用的笔记，根本没有打算付印。但是它作为包含着新世界观的天才萌芽的第一个文献，是非常宝贵的。

弗里德里希·恩格斯

1888年2月21日于伦敦

一

我们面前的这部著作[②]使我们返回到一个时期，这个时期就时间来说离我们不过一代之久，但是它对德国现在的一代

① 指马克思和恩格斯《德意志意识形态》手稿。——编者注

② 恩格斯在这里加了一个注："哲学博士卡·尼·施达克《路德维希·费尔巴哈》1885年斯图加特斐·恩克出版社版。"——编者注

人却如此陌生，似乎已经相隔整整一个世纪了。然而这终究是德国准备1848年革命的时期；那以后我国所发生的一切，仅仅是1848年的继续，仅仅是革命遗嘱的执行罢了。

正像在18世纪的法国一样，在19世纪的德国，哲学革命也作了政治变革的前导。但是这两个哲学革命看起来是多么不同啊！法国人同整个官方科学，同教会，常常也同国家进行公开的斗争；他们的著作在国外，在荷兰或英国印刷，而他们本人则随时都可能进巴士底狱[①]。相反，德国人是一些教授，一些由国家任命的青年的导师，他们的著作是公认的教科书，而全部发展的最终体系，即黑格尔的体系，甚至在某种程度上已经被推崇为普鲁士王国的国家哲学！在这些教授后面，在他们的迂腐晦涩的言词后面，在他们的笨拙枯燥的语句里面竟能隐藏着革命吗？那时被认为是革命代表人物的自由派，不正是最激烈地反对这种使人头脑混乱的哲学吗？但是，不论政府或自由派都没有看到的东西，至少有**一个**人在1833年已经看到了，这个人就是亨利·海涅[②]。

举个例子来说吧。不论哪一个哲学命题都没有像黑格尔

① 巴士底狱是14—18世纪巴黎的城堡和国家监狱。从16世纪起，主要用来囚禁政治犯。

② 指海涅在其著作《论德国宗教和哲学的历史》中关于德国哲学革命的言论。这部著作发表于1833—1834年，是对德国精神生活中所发生事件的评论。海涅的评论贯穿了这样的思想：当时由黑格尔哲学总其成的德国哲学革命，是德国即将到来的民主革命的序幕。

的一个著名命题那样引起近视的政府的感激和同样近视的自由派的愤怒，这个命题就是：

“凡是现实的都是合理的，凡是合理的都是现实的。”①

这显然是把现存的一切神圣化，是在哲学上替专制制度、警察国家、专断司法、书报检查制度祝福。弗里德里希-威廉三世是这样认为的，他的臣民也是这样认为的。但是，在黑格尔看来，决不是一切现存的都无条件地也是现实的。在他看来，现实性这种属性仅仅属于那同时是必然的东西；

“现实性在其展开过程中表明为必然性”；

所以他决不认为政府的任何一个措施——黑格尔本人举“某种税制”为例——都已经无条件地是现实的。②但是必然的东西归根到底会表明自己也是合乎理性的。因此，黑格尔的这个命题应用于当时的普鲁士国家，只是意味着：这个国家在它是必然的时候是合乎理性的，是同理性相符合的。如果说它在我们看来终究是恶劣的，而它尽管恶劣却继续存在，

① 恩格斯在这里套用了黑格尔《法哲学原理》序言中的话。——编者注

② 参看黑格尔《哲学全书纲要》第1部(即《小逻辑》)第147节及第142节附释。——编者注

那么，政府的恶劣可以从臣民的相应的恶劣中找到理由和解释。当时的普鲁士人有他们所应得的政府。

但是，根据黑格尔的意见，现实性决不是某种社会状态或政治状态在一切环境和一切时代所具有的属性。恰恰相反，罗马共和国是现实的，但是把它排斥掉的罗马帝国也是现实的。法国的君主制在1789年已经变得如此不现实，即如此丧失了任何必然性，如此不合理性，以致必须由大革命（黑格尔总是极其热情地谈论这次大革命）来把它消灭。所以，在这里，君主制是不现实的，革命是现实的。这样，在发展进程中，以前的一切现实的东西都会成为不现实的，都会丧失自己的必然性、自己存在的权利、自己的合理性；一种新的、富有生命力的现实的东西就会代替正在衰亡的现实的东西——如果旧的东西足够理智，不加抵抗即行死亡，那就和平地代替；如果旧的东西抗拒这种必然性，那就通过暴力来代替。这样一来，黑格尔的这个命题，由于黑格尔的辩证法本身，就转化为自己的反面：凡在人类历史领域中是现实的，随着时间的推移，都会成为不合理性的，就是说，注定是不合理性的，一开始就包含着不合理性；凡在人们头脑中是合乎理性的，都注定要成为现实的，不管它同现存的、表面的现实多么矛盾。按照黑格尔的思维方法的一切规则，凡是现实的都是合乎理性的这个命题，就变为另一个命题：凡是现存的，都一定要灭亡。[①]

但是，黑格尔哲学（我们在这里只限于考察这种作为从康德以来的整个运动的完成的哲学）的真实意义和革命性质，正是在于它彻底否定了关于人的思维和行动的一切结果具有最终性质的看法。哲学所应当认识的真理，在黑格尔看来，不再是一堆现成的、一经发现就只要熟读死记的教条了；现在，真理是包含在认识过程本身中，在科学的长期的历史发展中，而科学从认识的较低阶段向越来越高的阶段上升，但是永远不能通过所谓绝对真理的发现而达到这样一点，在这一点上它再也不能前进一步，除了袖手一旁惊愕地望着这个已经获得的绝对真理，就再也无事可做了。在哲学认识的领域是如此，在任何其他的认识领域以及在实践行动的领域也是如此。历史同认识一样，永远不会在人类的一种完美的理想状态中最终结束；完美的社会、完美的"国家"是只有在幻想中才能存在的东西；相反，一切依次更替的历史状态都只是人类社会由低级到高级的无穷发展进程中的暂时阶段。每一个阶段都是必然的，因此，对它发生的那个时代和那些条件说来，都有它存在的理由；但是对它自己内部逐渐发展起来的新的、更高的条件来说，它就变成过时的和没有存在的理由了；它不得不让位于更高的阶段，而这个更高的阶段

① 这里套用了歌德《浮士德》中靡菲斯特斐勒司的话。——编者注

也要走向衰落和灭亡。正如资产阶级依靠大工业、竞争和世界市场在实践中推翻了一切稳固的、历来受人尊崇的制度一样，这种辩证哲学推翻了一切关于最终的绝对真理和与之相应的绝对的人类状态的观念。在它面前，不存在任何最终的东西、绝对的东西、神圣的东西；它指出所有一切事物的暂时性；在它面前，除了生成和灭亡的不断过程、无止境地由低级上升到高级的不断过程，什么都不存在。它本身就是这个过程在思维着的头脑中的反映。诚然，它也有保守的方面：它承认认识和社会的每一个阶段对它那个时代和那种环境来说都有存在的理由，但也不过如此而已。这种观察方法的保守性是相对的，它的革命性质是绝对的——这就是辩证哲学所承认的唯一绝对的东西。

我们在这里用不着去研究这种观察方法是否同自然科学的现状完全符合的问题，自然科学预言了地球本身存在的可能的末日和它适合居住状况的相当肯定的末日，从而承认，人类历史不仅有上升的过程，而且有下降的过程。无论如何，我们离社会历史开始下降的转折点还相当遥远，我们也不能要求黑格尔哲学去研究当时还根本没有被自然科学提到日程上来的问题。

但是这里确实必须指出一点：黑格尔并没有这样清楚地作出如上的阐述。这是他的方法必然要得出的结论，但是他本人从来没有这样明确地作出这个结论。原因很简单，因为他不得不去建立一个体系，而按照传统的要求，哲学体系是一定要以某种绝对真理来完成的。所以，黑格尔，特别是在《逻辑学》中，虽然如此强调这种永恒真理不过是逻辑的或历史的过程本身，他还是觉得自己不得不给这个过程一个终点，因为他总得在某个地方结束他的体系。在《逻辑学》中，他可以再把这个终点作为起点，因为在这里，终点，即绝对观念——它所以是绝对的，只是因为他关于这个观念绝对说不出什么来——“外化”也就是转化为自然界，然后在精神中，即在思维中和在历史中，再返回到自身。但是，要在全部哲学的终点上这样返回到起点，只有一条路可走。这就是把历史的终点设想成人类达到对这个绝对观念的认识，并宣布对绝对观念的这种认识已经在黑格尔的哲学中达到了。但是这样一来，黑格尔体系的全部教条内容就被宣布为绝对真理，这同他那消除一切教条东西的辩证方法是矛盾的；这样一来，革命的方面就被过分茂密的保守的方面所窒息。在哲学的认识上是这样，在历史的实践上也是这样。人类既然通过黑格尔想出了绝对观念，那么在实践上也一定达到了能够在现实中实现这个绝对观念的地步。因此，绝对观念对同时代人的实践的政治的要求不可提得太高。因此，我们在《法哲学》的结尾发现，绝对观念应当在弗里德里希-威廉三世向他的臣民再三许诺而又不予兑现的那种等级制君主制中得到实现，就是说，应当在有产阶级那种适应于当时德国小资产阶级关系的、有限的和温和的间接统治中得到实现；在这里还用思辨的方法给我们论证了贵族的必要性。

可见，单是体系的内部需要就足以说明，为什么彻底革命的思维方法竟产生了极其温和的政治结论。这个结论的特殊形式当然是由下列情况造成的：黑格尔是一个德国人，而且和他的同时代人歌德一样，拖着一根庸人的辫子。歌德和黑格尔各自在自己的领域中都是奥林波斯山的宙斯，但是两人都没有完全摆脱德国庸人的习气。

但是，这一切并没有妨碍黑格尔的体系包括了以前任何体系所不可比拟的广大领域，而且没有妨碍它在这一领域中阐发了现在还令人惊奇的丰富思想。精神现象学（也可以叫做同精神胚胎学和精神古生物学类似的学问，是对个人意识各个发展阶段的阐述，这些阶段可以看做人类意识在历史上所经过的各个阶段的缩影）、逻辑学、自然哲学、精神哲学，而精神哲学又分成各个历史部门来研究，如历史哲学、法哲学、宗教哲学、哲学史、美学等等——在所有这些不同的历史领域中，黑格尔都力求找出并指明贯穿这些领域的发展线索；同时，因为他不仅是一个富于创造性的天才，而且是一个百科全书式的学识渊博的人物，所以他在各个领域中都起了划时代的作用。当然，由于“体系”的需要，他在这里常常不得不求救于强制性的结构，对这些结构，直到现在他的渺小的敌人还发出如此可怕的喊叫。但是这些结构仅仅是他的建筑物的骨架和脚手架；人们只要不是无谓地停留在它们面前，而是深入到大厦里面去，那就会发现无数的珍宝，这些珍宝就是在今天也还保持着充分的价值。在一切哲学家那里，正是“体系”是暂时性的东西，这恰恰因为“体系”产生于人类精神的永恒的需要，即克服一切矛盾的需要。但是，假定一切矛盾都一下子永远消除了，那么我们就达到了所谓绝对真理，世界历史就完结了，而世界历史虽然已经无事可做，却一定要继续发展下去——因而这是一个新的、不可解决的矛盾。一旦我们认识到（就获得这种认识来说，归根到底没有一个人比黑格尔本人对我们的帮助更大），这样给哲学提出的任务，无非就是要求一个哲学家完成那只有全人类在其前进的发展中才能完成的事情，那么以往那种意义上的全部哲学也都完结了。我们把沿着这个途径达不到而且任何单个人都无法达到的“绝对真理”撇在一边，而沿着实证科学和利用辩证思维对这些科学成果进行概括的途径去追求可以达到的相对真理。总之，哲学在黑格尔那里完成了，一方面，因为他在自己的体系中以最宏伟的方式概括了哲学的全部发展；另一方面，因为他（虽然是不自觉地）给我们指出了一条走出这些体系的迷宫而达到真正地切实地认识世界的道路。

可以理解，黑格尔的体系在德国的富有哲学味道的气氛中曾发生了多么巨大的影响。这是一次胜利进军，它延续了几十年，而且决没有随着黑格尔的逝世而停止。相反，正是从1830年到1840年，“黑格尔主义”取得了独占的统治，它甚至或多或少地感染了自己的敌手；正是在这个时期，黑格尔的观点自觉地或不自觉地渗入了各种科学，也渗透了通俗读物和日报，而普通的“有教养的意识”就是从这些通俗读物和日报中汲取自己的思想材料的。但是，这一全线胜利仅仅是一种内部斗争的序幕罢了。

黑格尔的整个学说，如我们所看到的，为容纳各种极不相同的实践的党派观点留下了广阔场所；而在当时的理论的德国，有实践意义的首先是两种东西：宗教和政治。特别重视黑格尔的**体系**的人，在两个领域中都可能是相当保守的；认为辩证法**方法**是主要的东西的人，在政治上和宗教上都可以属于最极端的反对派。黑格尔本人，虽然在他的著作中相当频繁地爆发出革命的怒火，但是总的说来似乎更倾向于保守的方面；他在体系上花费的“艰苦的思维劳动”倒比他在方法上所花费的要多得多。到30年代末，他的学派内的分裂愈来愈明显了。左翼，即所谓青年黑格尔派，在反对虔诚派的正统教徒和封建反动派的斗争中一点一点地放弃了在哲学上对当前的紧迫问题所采取的超然态度，由于这种态度，他们的学说在此之前曾经得到了国家的容忍，甚至保护；到了1840年，正统教派的虔诚和封建专制的反动随着弗里德里希-威廉四世登上了王座，这时人们就不可避免地公开站在这一派或那一派方面了。斗争依旧是用哲学的武器进行的，但已经不再是为了抽象的哲学目的；问题已经直接是要消灭传统的宗教和现存的国家了。如果说，在《德国年鉴》[1]中实践的最终目的主要还是穿着哲学的外衣出场，那么，在1842年的《莱茵报》[2]上青年黑格尔派已经直接作为努力向上的激进资产阶级的哲学出现，只是为了迷惑书报检查机关才用哲学伪装起来。

但是，政治在当时是一个荆棘丛生的领域，所以主要的斗争就转为反宗教的斗争；这一斗争，特别是从1840年起，间接地也是政治斗争。1835年出版的施特劳斯的《耶稣传》

① 《德国年鉴》(*Deutsche Jahrbücher*)是青年黑格尔派刊物《德国科学和艺术哈雷年鉴》(*Hallische Jahrbücher für deutsche Wissenschaft und Kunst*)的简称，又简称《哈雷年鉴》(*Hallische Jahrbücher*)，1831年1月—1841年6月以日报形式在莱比锡出版，由阿·卢格和泰·埃希特迈尔负责编辑；因在普鲁士受到禁止刊行的威胁，编辑部从哈雷迁到萨克森的德累斯顿，并更名为《德国科学和艺术年鉴》(*Deutsche Jahrbücher für Wissenschaft und Kunst*)，从1841年7月起由阿·卢格负责编辑，继续出版；起初为文学哲学杂志，从1839年底起逐步成为政治评论性刊物，1838—1841年还出版《哈雷年鉴附刊》(*Intelligenzblatt zu den Hallischen Jahrbüchern*)，主要刊登新书广告；1843年1月3日被萨克森政府查封，并经联邦议会决定在全国查禁。

② 指《莱茵政治、商业和工业日报》(*Rheinische Zeitung für Politik, Handel und Gewerbe*)。该报是德国的一家日报，青年黑格尔派的喉舌，1842年1月1日—1843年3月31日在莱茵地区资产阶级自由派的支持下在科隆出版；创办人是伯·腊韦，编辑是伯·腊韦和阿·鲁滕堡，发行负责人是路·舒尔茨和格·荣克。1842年4月马克思开始为该报撰稿，同年10月成为报纸编辑。《莱茵报》也发表过恩格斯的许多文章。在马克思担任编辑期间，该报日益具有明显的革命民主主义性质并成为德国最重要的反对派报纸之一。普鲁士政府对该报进行了特别严格的检查，1843年4月1日将其查封。

成了第一个推动力。后来，布鲁诺·鲍威尔反对该书中所阐述的福音神话发生说，证明许多福音故事都是作者自己虚构的。两人之间的争论是在“自我意识”对“实体”的斗争这一哲学幌子下进行的。神奇的福音故事是在宗教团体内部通过不自觉的、传统的创作神话的途径形成的呢，还是福音书作者自己虚构的——这个问题竟扩展为这样一个问题：在世界历史中起决定作用的力量是“实体”呢，还是“自我意识”；最后，出现了施蒂纳，现代无政府主义的先知（巴枯宁从他那里抄袭了好多东西），他用他的至上的“唯一者”[①]压倒了至上的“自我意识”。

我们不打算更详细地考察黑格尔学派解体过程的这一方面。在我们看来，更重要的是：对现存宗教进行斗争的实践需要，把大批最坚决的青年黑格尔分子推回到英国和法国的唯物主义。他们在这里跟自己的学派的体系发生了冲突。唯物主义把自然界看做唯一现实的东西，而在黑格尔的体系中自然界只是绝对观念的“外化”，可以说是这个观念的下降；无论如何，思维及其思想产物即观念在这里是本原的，而自然界是派生的，只是由于观念的下降才存在。他们就在这个矛盾中彷徨，尽管程度各不相同。

这时，费尔巴哈的《基督教的本质》[②]出版了。它直截了

① 指麦·施蒂纳《唯一者及其所有物》1845年莱比锡版。——编者注
② 路·费尔巴哈《基督教的本质》1841年莱比锡版。——编者注

当地使唯物主义重新登上王座，这就一下子消除了这个矛盾。自然界是不依赖任何哲学而存在的；它是我们人类（本身就是自然界的产物）赖以生长的基础；在自然界和人以外不存在任何东西，我们的宗教幻想所创造出来的那些最高存在物只是我们自己的本质的虚幻反映。魔法被解除了；“体系”被炸开并被抛在一旁了，矛盾既然仅仅是存在于想象之中，也就解决了。——这部书的解放作用，只有亲身体验过的人才能想象得到。那时大家都很兴奋：我们一时都成为费尔巴哈派了。马克思曾经怎样热烈地欢迎这种新观点，而这种新观点又是如何强烈地影响了他（尽管还有种种批判性的保留意见），这可以从《神圣家族》[①]中看出来。

甚至这部书的缺点也加强了它的一时的影响。美文学的、有时甚至是夸张的笔调赢得了广大的读者，无论如何，在抽象而费解的黑格尔主义的长期统治以后，使人们的耳目为之一新。对于爱的过度崇拜也是这样。这种崇拜，尽管不能认为有道理，在“纯粹思维”的已经变得不能容忍的至高统治之下也是情有可原的。但是，我们不应当忘记，从1844年起在德国的“有教养的”人们中间像瘟疫一样传播开来的“真

---

① 马克思和恩格斯《神圣家族》，见《马克思恩格斯文集》第1卷第295页。——编者注

正的社会主义”[①]，正是同费尔巴哈的这两个弱点紧密相连的。它以美文学的词句代替了科学的认识，主张靠“爱”来实现人类的解放，而不主张用经济上改革生产的办法来实现无产阶级的解放，一句话，它沉溺在令人厌恶的美文学和泛爱的空谈中了。它的典型代表就是卡尔·格律恩先生。

还有一点不应当忘记：黑格尔学派虽然解体了，但是黑格尔哲学并没有被批判地克服。施特劳斯和鲍威尔各自抓住黑格尔哲学的一个方面，在论战中互相攻击。费尔巴哈打破了黑格尔的体系，简单地把它抛在一旁。但是简单地宣布一种哲学是错误的，还制服不了这种哲学。像对民族的精神发展有过如此巨大影响的黑格尔哲学这样的伟大创作，是不能用干脆置之不理的办法来消除的。必须从它的本来意义上“扬弃”它，就是说，要批判地消灭它的形式，但是要救出通

① “真正的社会主义”是从1844年起在德国知识分子中间传播的一种小资产阶级社会主义学说，其代表人物有卡·格律恩、莫·赫斯和海·克利盖等人。“真正的社会主义者”宣扬超阶级的爱、抽象的人性和改良主义思想，拒绝进行政治活动和争取民主的斗争，否认进行资产阶级民主革命的必要性。在19世纪40年代的德国，这种学说成了不断发展的工人运动的障碍，不利于团结民主力量进行反对专制制度和封建秩序的斗争，不利于在革命斗争的基础上形成独立的无产阶级运动。马克思和恩格斯在1845—1848年的许多著作中对“真正的社会主义”进行了不懈的批判，如《德意志意识形态》（见《马克思恩格斯文集》第1卷）、《反克利盖的通告》（见《马克思恩格斯全集》中文第1版第4卷）、《诗歌和散文中的德国社会主义》（同上）、《“真正的社会主义者”》（见《马克思恩格斯全集》中文第1版第3卷）和《共产党宣言》（见《马克思恩格斯选集》第3版第1卷）。

过这个形式获得的新内容。下面可以看到，这一任务是怎样实现的。

但是这时，1848年的革命毫不客气地把全部哲学都撇在一旁，正如费尔巴哈把他的黑格尔撇在一旁一样。这样一来，费尔巴哈也被挤到后台去了。

二

全部哲学，特别是近代哲学的重大的基本问题，是思维和存在的关系问题。在远古时代，人们还完全不知道自己身体的构造，并且受梦中景象的影响[①]，于是就产生一种观念：他们的思维和感觉不是他们身体的活动，而是一种独特的、寓于这个身体之中而在人死亡时就离开身体的灵魂的活动。从这个时候起，人们不得不思考这种灵魂对外部世界的关系。如果灵魂在人死时离开肉体而继续活着，那就没有理由去设想它本身还会死亡；这样就产生了灵魂不死的观念，这种观念，在那个发展阶段出现决不是一种安慰，而是一种不可抗

① 恩格斯在这里加了一个注："在蒙昧人和低级野蛮人中间，现在还流行着这样一种观念：梦中出现的人的形象是暂时离开肉体的灵魂；因而现实的人要对自己出现于他人梦中时针对做梦者而采取的行为负责。例如伊姆·特恩于1884年在圭亚那的印第安人中就发现了这种情形。"（参看伊姆·特恩《在圭亚那的印第安人中间》1883年伦敦版第344—346页。）——编者注

拒的命运，并且往往是一种真正的不幸，例如在希腊人那里就是这样。关于个人不死的无聊臆想之所以普遍产生，不是因为宗教上的安慰的需要，而是因为人们在普遍愚昧的情况下不知道对已经被认为存在的灵魂在肉体死后该怎么办。由于十分相似的原因，通过自然力的人格化，产生了最初的神。随着各种宗教的进一步发展，这些神越来越具有了超世界的形象，直到最后，通过智力发展中自然发生的抽象化过程——几乎可以说是蒸馏过程，在人们的头脑中，从或多或少有限的和互相限制的许多神中产生了一神教的唯一的神的观念。

因此，思维对存在、精神对自然界的关系问题，全部哲学的最高问题，像一切宗教一样，其根源在于蒙昧时代的愚昧无知的观念。但是，这个问题，只是在欧洲人从基督教中世纪的长期冬眠中觉醒以后，才被十分清楚地提了出来，才获得了它的完全的意义。思维对存在的地位问题，这个在中世纪的经院哲学[①]中也起过巨大作用的问题：什么是本原的，是精神，还是自然界？——这个问题以尖锐的形式针对着教会提出来：世界是神创造的呢，还是从来就有的？

哲学家依照他们如何回答这个问题而分成了两大阵营。

① 经院哲学也称烦琐哲学，是欧洲中世纪基督教学院中形成的一种哲学。经院哲学家们通过烦琐的抽象推理的方法来解释基督教教义和信条，实际上把哲学当做“神学的婢女”。

凡是断定精神对自然界说来是本原的，从而归根到底承认某种创世说的人（而创世说在哲学家那里，例如在黑格尔那里，往往比在基督教那里还要繁杂和荒唐得多），组成唯心主义阵营。凡是认为自然界是本原的，则属于唯物主义的各种学派。

除此之外，唯心主义和唯物主义这两个用语本来没有任何别的意思，它们在这里也不是在别的意义上使用的。下面我们可以看到，如果给它们加上别的意义，就会造成怎样的混乱。

但是，思维和存在的关系问题还有另一个方面：我们关于我们周围世界的思想对这个世界本身的关系是怎样的？我们的思维能不能认识现实世界？我们能不能在我们关于现实世界的表象和概念中正确地反映现实？用哲学的语言来说，这个问题叫做思维和存在的同一性问题，绝大多数哲学家对这个问题都作了肯定的回答。例如在黑格尔那里，对这个问题的肯定回答是不言而喻的，因为我们在现实世界中所认识的，正是这个世界的思想内容，也就是那种使世界成为绝对观念的逐渐实现的东西，这个绝对观念是从来就存在的，是不依赖于世界并且先于世界而在某处存在的；但是思维能够认识那一开始就已经是思想内容的内容，这是十分明显的。同样明显的是，在这里，要证明的东西已经默默地包含在前提里面了。但是这决不妨碍黑格尔从他的思维和存在的同一性的论证中作出进一步的结论：他的哲学因为对他的思维来说是正确的，所以也就是唯一正确的；而思维和存在的同一性要得到证实，人类就要马上把他的哲学从理论转移到实践中去，并按照黑格尔的原则来改造整个世界。这是他和几乎所有的哲学家所共有的幻想。

但是，此外，还有其他一些哲学家否认认识世界的可能性，或者至少是否认彻底认识世界的可能性。在近代哲学家中，休谟和康德就属于这一类，而他们在哲学的发展上是起过很重要的作用的。对驳斥这一观点具有决定性的东西，凡是从唯心主义观点出发所能说的，黑格尔都已经说了；费尔巴哈所增加的唯物主义的东西，与其说是深刻的，不如说是机智的。对这些以及其他一切哲学上的怪论的最令人信服的驳斥是实践，即实验和工业。既然我们自己能够制造出某一自然过程，按照它的条件把它生产出来，并使它为我们的目的服务，从而证明我们对这一过程的理解是正确的，那么康德的不可捉摸的“自在之物”就完结了。动植物体内所产生的化学物质，在有机化学开始把它们一一制造出来以前，一直是这种“自在之物”；一旦把它们制造出来，“自在之物”就变成我之物了，例如茜草的色素——茜素，我们已经不再从地里的茜草根中取得，而是用便宜得多、简单得多的方法从煤焦油里提炼出来了。哥白尼的太阳系学说有300年之久一直是一种假说，这个假说尽管有99%、99.9%、99.99%的可靠性，但毕竟是一种假说；而当勒维烈从这个太阳系学说所提供的数据，不仅推算出必定存在一个尚未知道的行星，而且还推算出这个行星在太空中的位置的时候，当后来加勒确实发现了这个行星[①]的时候，哥白尼的学说就被证实了。如果新康德主义者企图在德国复活休谟的观点（在那里休谟的观点从来没有绝迹），那么，鉴于这两种观点在理论上和实践上早已被驳倒，这种企图在科学上就是开倒车，而在实践上只是一种暗中接受唯物主义而当众又加以拒绝的羞羞答答的做法。

但是，在从笛卡儿到黑格尔和从霍布斯到费尔巴哈这一长时间内，推动哲学家前进的，决不像他们所想象的那样，只是纯粹思想的力量。恰恰相反，真正推动他们前进的，主要是自然科学和工业的强大而日益迅猛的进步，在唯物主义者那里，这已经是一目了然的了，而唯心主义体系也越来越加进了唯物主义的内容，力图用泛神论的观点来调和精神和物质的对立；因此，归根到底，黑格尔的体系只是一种就方法和内容来说唯心主义地倒置过来的唯物主义。

由此可以明白，为什么施达克在他对费尔巴哈的评述中，首先研究费尔巴哈对思维和存在的关系这个基本问题的立场。在简短的导言里，作者对以前的，特别是从康德以来的哲学家的见解，都是用不必要的晦涩难懂的哲学语言来阐述的，

---

① 德国天文学家约·加勒于1846年9月23日发现了海王星。——编者注

并且由于过分形式主义地拘泥于黑格尔著作中的个别词句而大大贬低了黑格尔。在这个导言以后，他详细地叙述了费尔巴哈的有关著作中相继表现出来的这位哲学家的“形而上学”本身的发展进程。这一部分叙述得很用心、很明白，不过像整本书一样，哲学用语堆砌得太多，而这决不是到处都不可避免的。作者越是不保持同一学派或者哪怕是费尔巴哈本人的用语，越是把各种流派，特别是现在流行的自封的哲学派别的用语混在一起，这种堆砌所造成的混乱就越大。

费尔巴哈的发展进程是一个黑格尔主义者（诚然，他从来不是完全正统的黑格尔主义者）走向唯物主义的发展进程，这一发展使他在一定的阶段上同自己的这位先驱者的唯心主义体系完全决裂了。他势所必然地终于意识到，黑格尔的“绝对观念”之先于世界的存在，在世界之前就有的“逻辑范畴的预先存在”，不外是对世界之外的造物主的信仰的虚幻残余；我们自己所属的物质的、可以感知的世界，是唯一现实的；而我们的意识和思维，不论它看起来是多么超感觉的，总是物质的、肉体的器官即人脑的产物。物质不是精神的产物，而精神本身只是物质的最高产物。这自然是纯粹的唯物主义。但是费尔巴哈到这里就突然停止不前了。他不能克服通常的哲学偏见，即不反对事情本身而反对唯物主义这个名称的偏见。他说：

“在我看来，唯物主义是人的本质和人类知识的大厦的基础；但是，我认为它不是生理学家、狭义的自然科学家如摩莱肖特所认为的而且从他们的观点和专业出发所必然认为的那种东西，即大厦本身。向后退时，我同唯物主义者完全一致；但是往前进时就不一致了。”①

费尔巴哈在这里把唯物主义这种建立在对物质和精神关系的特定理解上的一般世界观同这一世界观在特定的历史阶段即18世纪所表现的特殊形式混为一谈了。不仅如此，他还把唯物主义同它的一种肤浅的、庸俗化了的形式混为一谈，18世纪的唯物主义现在就以这种形式继续存在于自然科学家和医生的头脑中，并且被毕希纳、福格特和摩莱肖特在50年代拿着到处叫卖。但是，像唯心主义一样，唯物主义也经历了一系列的发展阶段。甚至随着自然科学领域中每一个划时代的发现，唯物主义也必然要改变自己的形式；而自从历史也得到唯物主义的解释以后，一条新的发展道路也在这里开辟出来了。

上一世纪的唯物主义主要是机械唯物主义，因为那时在所有自然科学中只有力学，而且只有固体（天空的和地上的）

① 这段引文在卡·施达克《路德维希·费尔巴哈》1885年斯图加特版第16页上引用过。引文摘自路·费尔巴哈的著作《箴言》，见卡·格律恩《路德维希·费尔巴哈的书简、遗稿及其哲学特征的阐述》1874年莱比锡—海德堡版第2卷第308页。

力学，简言之，即重力的力学，达到了某种完善的地步。化学刚刚处于幼稚的燃素说[①]的形态中。生物学尚在襁褓中；对植物和动物的机体只作过粗浅的研究，并用纯粹机械的原因来解释；正如在笛卡儿看来动物是机器一样，在18世纪的唯物主义者看来，人是机器。仅仅运用力学的尺度来衡量化学性质的和有机性质的过程（在这些过程中，力学定律虽然也起作用，但是被其他较高的定律排挤到次要地位），这是法国古典唯物主义的一个特有的，但在当时不可避免的局限性。

这种唯物主义的第二个特有的局限性在于：它不能把世界理解为一种过程，理解为一种处在不断的历史发展中的物质。这是同当时的自然科学状况以及与此相联系的形而上学的反辩证法的哲学思维方法相适应的。人们已经知道，自然界处在永恒的运动中。但是根据当时的想法，这种运动是永远绕着一个圆圈旋转，因而始终不会前进；它总是产生同一结果。这种想法在当时是不可避免的。康德的太阳系起源理

① 燃素说是格·施塔尔于1700年创立的，在18世纪的化学中曾一度占统治地位。根据这一学说，燃烧的过程决定于可燃物体中有一种特殊的物质——燃素，它在燃烧时从可燃物体中逸出。但是，由于人们知道，金属在空气中燃烧时重量增加了，于是主张燃素说的人断言燃素具有一种在物理学上无法解释的负重量。法国化学家安·拉瓦锡证明了这种理论是毫无根据的，他把燃烧过程正确地解释为燃烧着的物质与氧化合的反应。关于燃素说曾经起过的积极作用，恩格斯曾在《〈反杜林论〉旧序》的结尾部分谈到（见《马克思恩格斯选集》第3版第3卷第879—880页），并在《资本论》第二卷的序言中作了详细的论述（见《马克思恩格斯选集》第3版第2卷第301—302页）。

论刚刚提出，而且还只是被看做纯粹的奇谈。地球发展史，即地质学，还完全没有人知道，而关于现今的生物是由简单到复杂的长期发展过程的结果的看法，当时还根本不可能科学地提出来。因此，对自然界的非历史观点是不可避免的。根据这一点大可不必去责备十八世纪的哲学家，因为连黑格尔也有这种观点。在黑格尔看来，自然界只是观念的“外化”，它不能在时间上发展，只能在空间扩展自己的多样性，因此，它把自己所包含的一切发展阶段同时地、并列地展示出来，并且注定永远重复始终是同一的过程。黑格尔把发展是在空间以内，但在时间（这是一切发展的基本条件）以外发生的这种谬论强加于自然界，恰恰是在地质学、胚胎学、植物和动物生理学以及有机化学都已经建立起来，并且在这些新科学的基础上到处都出现了对后来的进化论的天才预想（例如歌德和拉马克）的时候。但是，体系要求这样，于是，方法为了迎合体系就不得不背叛自己。

这种非历史观点也表现在历史领域中。在这里，反对中世纪残余的斗争限制了人们的视野。中世纪被看做是千年普遍野蛮状态造成的历史的简单中断；中世纪的巨大进步——欧洲文化领域的扩大，在那里一个挨着一个形成的富有生命力的大民族，以及14和15世纪的巨大的技术进步，这一切都没有被人看到。这样一来，对伟大历史联系的合理看法就不可能产生，而历史至多不过是一部供哲学家使用的例证和图解的汇集罢了。

50年代在德国把唯物主义庸俗化的小贩们，根本没有突破他们的老师们的这些局限。自然科学后来获得的一切进步，仅仅成了他们否认有世界创造主存在的新证据；实际上，他们所做的事情决不是进一步发展理论。如果说唯心主义当时已经智穷才竭，并且在1848年革命受到了致命的打击，那么，它感到满足的是，唯物主义在这个时候更是江河日下。费尔巴哈拒绝为这种唯物主义负责是完全对的；只是他不应该把这些巡回传教士的学说同一般唯物主义混淆起来。

但是，这里应该注意两种情况。第一，费尔巴哈在世时，自然科学也还处在剧烈的酝酿过程中，这一过程只是在最近15年才达到了足以澄清问题的相对完成的地步；新的认识材料以空前的规模被提供出来，但是，只是到最近才有可能在纷纷涌来的这一大堆杂乱的发现中建立起联系，从而使它们有了条理。虽然三个决定性的发现——细胞、能量转化和以达尔文命名的进化论的发现，费尔巴哈在世时全看到了，但是，这位在乡间过着孤寂生活的哲学家怎么能够对科学充分关注，给这些发现以足够的评价呢？何况对这些发现就连当时的自然科学家有的还持有异议，有的还不懂得充分利用。这里只能归咎于德国的可怜状况，由于这种状况，当时哲学讲席都被那些故弄玄虚的折中主义的小识小见之徒占据了，而比所有这些人高明百倍的费尔巴哈，却不得不在穷乡僻壤中过着农民式的孤陋寡闻的生活。因而，现在已经成为可能的、排除了法国唯物主义的一切片面性的、历史的自然观，始终没有为费尔巴哈所了解，这就不是他的过错了。

第二，费尔巴哈说得完全正确：纯粹自然科学的唯物主义虽然

“是人类知识的大厦的基础，但不是大厦本身”。

因为，我们不仅生活在自然界中，而且生活在人类社会中，人类社会同自然界一样也有自己的发展史和自己的科学。因此，问题在于使关于社会的科学，即所谓历史科学和哲学科学的总和，同唯物主义的基础协调起来，并在这个基础上加以改造。但是，这一点费尔巴哈是做不到的。他虽然有“基础”，但是在这里仍然受到传统的唯心主义的束缚，这一点他自己也是承认的，他说：

“向后退时，我同唯物主义者是一致的；但是往前进时就不一致了。”

但是在这里，在社会领域内，正是费尔巴哈本人没有“前进”，没有超越自己在1840年或1844年的观点，这仍旧主要是由于他的孤寂生活，这种生活迫使这位比其他任何哲

学家都更爱好社交的哲学家从他的孤寂的头脑中，而不是从同与他才智相当的人们的友好或敌对的接触中产生出自己的思想。费尔巴哈在这个领域内究竟在多大程度上仍然是唯心主义者，我们将在下面加以详细的考察。

这里还应当指出，施达克在找费尔巴哈的唯心主义时找错了地方。他说：

> “费尔巴哈是唯心主义者，他相信人类的进步。”（第19页）“唯心主义仍旧是一切的基础，根基。在我们看来，实在论只是在我们追求自己的理想的意图时使我们不致误入迷途而已。难道同情、爱以及对真理和正义的热诚不是理想的力量吗？”（第VIII页）[①]

第一，在这里无非是把对理想目的的追求叫做唯心主义。但这些目的至多同康德的唯心主义及其“绝对命令”有必然联系；然而康德自己把他的哲学叫做“先验的唯心主义”，决不是因为那里面也讲到道德的理想，而完全是由于别的理由，这是施达克会记得的。有一种迷信，认为哲学唯心主义的中心就是对道德理想即对社会理想的信仰，这种迷信是在哲学之外产生的，是在那些把席勒诗歌中符合他们需要的少数哲学上的只言片语背得烂熟的德国庸人中产生的。没有一个人

① 引自卡·尼·施达克《路德维希·费尔巴哈》1885年斯图加特版。——编者注

比恰恰是十足的唯心主义者的黑格尔更尖锐地批评了康德的软弱无力的“绝对命令”（它之所以软弱无力，是因为它要求不可能的东西，因而永远达不到任何现实的东西），没有一个人比他更辛辣地嘲笑了席勒所传播的那种沉湎于不能实现的理想的庸人习气（见《现象学》[①]）。

第二，决不能避免这种情况：推动人去从事活动的一切，都要通过人的头脑，甚至吃喝也是由于通过头脑感觉到的饥渴而开始，并且同样由于通过头脑感觉到饱足而停止。外部世界对人的影响表现在人的头脑中，反映在人的头脑中，成为感觉、思想、动机、意志，总之，成为“理想的意图”，并且通过这种形态变成“理想的力量”。如果一个人只是由于他追求“理想的意图”并承认“理想的力量”对他的影响，就成了唯心主义者，那么任何一个发育稍稍正常的人都是天生的唯心主义者了，怎么还会有唯物主义者呢？

第三，关于人类（至少在现时）总的说来是沿着进步方向运动的这种信念，是同唯物主义和唯心主义的对立绝对不

① 即黑格尔《精神现象学》。——编者注

相干的。法国唯物主义者同自然神论者[①]伏尔泰和卢梭一样，几乎狂热地抱有这种信念，并且往往为它付出最大的个人牺牲。如果说有谁为了“对真理和正义的热忱”（就这句话的正面的意思说）而献出了整个生命，那么，例如狄德罗就是这样的人。由此可见，施达克把这一切说成是唯心主义，这只是证明：唯物主义这个名词以及两个派别的全部对立，在这里对他来说已经失去了任何意义。

事实上，施达克在这里向那种由于教士的多年诽谤而流传下来对唯物主义这个名称的用人偏见作了不可饶恕的让步，虽然这也许是不自觉的。庸人把唯物主义理解为贪吃、酗酒、娱目、肉欲、虚荣、爱财、吝啬、贪婪、牟利、投机，简言之，即他本人暗中迷恋着的一切龌龊行为；而把唯心主义理解为对美德、普通的人类爱的信仰，总之，对“美好世界”的信仰。他在别人面前夸耀这个“美好世界”，但是，他自己至多只是在这样的时候才相信这个“美好世界”，这时，他由于自己习以为常的“唯物主义的”放纵而必然感到懊丧或遭

---

① 自然神论是一种推崇理性原则，把上帝解释为非人格的始因的宗教哲学理论，曾是资产阶级反对封建制度和正统宗教的一种理论武器，也是无神论在当时的一种隐蔽形式。这种理论反对蒙昧主义和神秘主义，认为上帝不过是“世界理性”或“有智慧的意志”，上帝在创世之后就不再干预世界事务，而让世界按它本身的规律存在和发展下去。在封建教会世界观统治的条件下，自然神论者往往站在理性主义的立场上批判中世纪的神学世界观，揭露僧侣们的寄生生活和招摇撞骗的行为。

到破产，并因此唱出了他心爱的歌：人是什么？一半是野兽，一半是天使。

在其他方面，施达克极力保护费尔巴哈，反对现今在德国以哲学家名义大吹大擂的大学教师们的攻击和学说。对关心德国古典哲学的这些不肖子孙的人们来说，这的确是很重要的；对施达克本人来说，这也许是必要的。不过我们就怜惜怜惜读者吧。

三

我们一接触到费尔巴哈的宗教哲学和伦理学，他的真正的唯心主义就显露出来了。费尔巴哈决不希望废除宗教，他希望使宗教完善化。哲学本身应当融化在宗教中。

“人类的各个时期仅仅由于宗教的变迁而彼此区别开来。某一历史运动，只是在它深入人心的时候，才是根深蒂固的。心不是宗教的形式，因而不应当说宗教也存在于心中；心是宗教的本质。”①（引自施达克的书，第168页）

① 这段引文在卡·施达克《路德维希·费尔巴哈》1885年斯图加特版第168页上引用过。引文摘自路·费尔巴哈的著作《哲学原理。改造的必要性》，见卡·格律恩《路德维希·费尔巴哈的书简、遗稿及其哲学特征的阐述》1874年莱比锡—海德堡版第1卷第407页。

按照费尔巴哈的看法，宗教是人与人之间的感情的关系、心灵的关系，过去这种关系是在现实的虚幻映象中（借助于一个神或许多神，即人类特性的虚幻映象）寻找自己的真理，现在却直接地而不是间接地在我和你之间的爱中寻找自己的真理了。归根到底，在费尔巴哈那里，性爱即使不是他的新宗教借以实现的最高形式，也是最高形式之一。

人与人之间的，特别是两性之间的感情关系，是自从有人类以来就存在的。而性爱在最近800年间获得了这样的发展和地位，竟成了这个时期中一切诗歌必须环绕着旋转的轴心了。现存的通行的宗教只限于使国家对性爱的管理即婚姻立法高度神圣化；这种宗教也许明天就会完全消失，但是爱情和友谊的实践并不会发生丝毫变化。在法国，从1793年到1798年，基督教的确曾经消失到这种程度，连拿破仑去恢复它也不能不遇到抵抗和困难，但是在这一期间，并没有感觉到需要用费尔巴哈意义上的宗教去代替它。

在这里，费尔巴哈的唯心主义就在于：他不是抛开对某种在他看来也已成为过去的特殊宗教的回忆，直截了当地按照本来面貌看待人们彼此间以相互倾慕为基础的关系，即性爱、友谊、同情、舍己精神等等，而是断言这些关系只有在用宗教名义使之神圣化以后才会获得自己的完整的意义。在他看来，主要的并不是存在着这种纯粹人的关系，而是要把这些关系看做新的、真正的宗教。这些关系只是在盖上了宗教的印记以后才被认为是完满的。宗教一词是从religare一词来的，本来是联系的意思。因此，两个人之间的任何联系都是宗教。这种语源学上的把戏是唯心主义哲学的最后一着。这个词的意义，不是按照它的实际使用的历史发展来决定的，而竟然按照来源来决定。因此，仅仅为了使宗教这个对唯心主义回忆很宝贵的名词不致从语言中消失，性爱和性关系竟被尊崇为“宗教”。在40年代，巴黎的路易·勃朗派改良主义者[①]正是这样说的，他们也认为不信宗教的人只是一种怪物，并且对我们说：因此，无神论就是你们的宗教！费尔巴哈想以一种本质上是唯物主义的自然观为基础建立真正的宗教，这等于把现代化学当做真正的炼金术。如果无神的宗教可以存在，那么没有哲人之石的炼金术也是可以存在了。况且，炼金术和宗教之间是有很紧密的联系的。哲人之石有许多类似神的特性，公元头两世纪埃及和希腊的炼金术士在基督教学说的形成上也出了一份力量。柯普和拜特洛所提供的材料就证明了这一点。[②]

---

① 路易·勃朗派改良主义者是聚集在法国《改革报》周围的一个政治集团，包括一些小资产阶级民主共和主义者和小资产阶级社会主义者。其首领是赖德律-洛兰和路易·勃朗等人。他们主张建立共和国并实行民主改革和社会改革。

② 关于炼金术和宗教之间的联系，海·柯普最先在他的著作《化学史》第1卷1834年不伦瑞克版第38—49页作了说明。马·拜特洛在化学史方面的主要著作是他的《炼金术的起源》1885年巴黎版。

哲人之石指古代炼金术士幻想通过炼制得到的一种怪诞的物质，据说能把普通金属变成金银，医治百病，返老还童。

费尔巴哈的下面这个论断是绝对错误的：

“人类的各个时期仅仅由于宗教的变迁而彼此区别开来。”

重大的历史转折点有宗教变迁**相伴随**，只是就迄今存在的三种世界宗教——佛教、基督教和伊斯兰教而言。古老的自发产生的部落宗教和民族宗教是不传布的，一旦部落或民族的独立遭到破坏，它们便失掉任何抵抗力；拿日耳曼人来说，甚至他们一接触正在崩溃的罗马世界帝国以及它刚刚采用的，适应于它的经济、政治、精神状态的世界基督教，这种情形就发生了。仅仅在这些多少是人工造成的世界宗教，特别是基督教和伊斯兰教那里，我们才发现比较一般的历史运动带有宗教的色彩，甚至在基督教传播的范围内，具有真正普遍意义的革命也只有在资产阶级解放斗争的最初阶段即从13世纪起到17世纪止，才带有这种宗教色彩；而且，这种色彩不能像费尔巴哈所想的那样，用人的心灵和人的宗教需要来解释，而要用以往的整个中世纪的历史来解释，中世纪的历史只知道一种形式的意识形态，即宗教和神学。但是到了18世纪，资产阶级已经强大得足以建立他们自己的、同他们的阶级地位相适应的意识形态了，这时他们才进行了他们的伟大而彻底的革命——法国革命，而且仅仅诉诸法律的和政治的观念，只是在宗教挡住他们的道路时，他们才理会宗教；但是他们没有想到要用某种新的宗教来代替旧的宗教；大家知道，罗伯斯比尔在这方面曾遭受了怎样的失败。

同他人交往时表现纯粹人类感情的可能性，今天已经被我们不得不生活于其中的、以阶级对立和阶级统治为基础的社会破坏得差不多了。我们没有理由把这种感情尊崇为宗教，从而更多地破坏这种可能性。同样，对历史上的重大的阶级斗争的理解，特别是在德国，已经被流行的历史编纂学弄得够模糊了，用不着我们去把这些斗争的历史变为教会史的单纯附属品，使这种理解成为完全不可能。由此可见，现在我们已经离开费尔巴哈多么远了。他那赞美新的爱的宗教的“最美丽的篇章”现在都不值一读了。

费尔巴哈认真地研究过的唯一的宗教，即以一神教为基础的西方的世界宗教。他指出，基督教的神只是人的虚幻的反映、映象。但是，这个神本身是长期的抽象过程的产物，是以前的许多部落神和民族神集中起来的精华。与此相应，被反映为这个神的人也不是一个现实的人，而同样是许多现实的人的精华，是抽象的人，因而本身又是一个思想上的形象。费尔巴哈在每一页上都宣扬感性，宣扬专心研究具体的东西、研究现实，可是这同一个费尔巴哈，一谈到人们之间的纯粹的性关系以外的某种关系，就变成完全抽象的了。

他在这种关系中仅仅看到一个方面——道德。在这里，同黑格尔比较起来，费尔巴哈的惊人的贫乏又使我们诧异。

黑格尔的伦理学或关于伦理的学说就是法哲学，其中包括：(1) 抽象的法，(2) 道德，(3) 伦理，其中又包括家庭、市民社会[①]、国家。在这里，形式是唯心主义的，内容是实在论的。法、经济、政治的全部领域连同道德都包括进去了。在费尔巴哈那里情况恰恰相反。就形式讲，他是实在论的，他把人作为出发点；但是，关于这个人生活的世界却根本没有讲到，因而这个人始终是宗教哲学中出现的那种抽象的人。这个人不是从娘胎里生出来的，他是从一神教的神羽化而来的，所以他也不是生活在现实的、历史地发生和历史地确定了的世界里面；虽然他同其他的人来往，但是任何一个其他的人也和他本人一样是抽象的。在宗教哲学里，我们终究还可以看到男人和女人，但是在伦理学里，连这最后一点差别也消失了。的确，在费尔巴哈那里间或也出现这样的命题：

“皇宫中的人所想的，和茅屋中的人所想的是不同的。”[②]——“如果你因为饥饿、贫困而身体内没有养料，那么你的头脑中、你的

---

① 市民社会(bürgerliche Gesellschaft)这一术语出自黑格尔《法哲学原理》第182节(见《黑格尔全集》1833年柏林版第8卷)。在马克思的早期著作中，这一术语有两重含义。广义地说，是指社会发展各历史时期的经济制度，即决定政治制度和意识形态的物质关系总和；狭义地说，是指资产阶级社会的物质关系。因此，应按照上下文作不同的理解。

② 这段引文在卡·施达克《路德维希·费尔巴哈》1885年斯图加特版第119页上引用过。引文摘自路·费尔巴哈的著作《驳躯体和灵魂、肉体和精神的二元论》，见《费尔巴哈全集》1846年莱比锡版第2卷第363页。

感觉中以及你的心中便没有供道德用的养料了。"[①]——"政治应当成为我们的宗教"[②]，等等。

但是，费尔巴哈完全不知道利用这些命题去干什么，它们始终是纯粹的空话，甚至施达克也不得不承认，政治对费尔巴哈是一个不可通过的区域，而

"关于社会的学说，即社会学，对他来说，是一个未知的领域"[③]。

在善恶对立的研究上，他同黑格尔比起来也是肤浅的。黑格尔指出：

"有人以为，当他说人本性是善的这句话时，是说出了一种很伟大的思想；但是他忘记了，当人们说人本性是恶的这句话时，是说

---

① 这段引文在卡·施达克《路德维希·费尔巴哈》1885年斯图加特版第254页上引用过。引文摘自路·费尔巴哈的著作《道德哲学》，见卡·格律恩《路德维希·费尔巴哈的书简、遗稿及其哲学特征的阐述》1874年莱比锡—海德堡版第2卷第285—286页。

② 这段引文在卡·施达克《路德维希·费尔巴哈》1885年斯图加特版第280页上引用过。引文摘自路·费尔巴哈的著作《哲学原理。改造的必要性》，见卡·格律恩《路德维希·费尔巴哈的书简、遗稿及其哲学特征的阐述》1874年莱比锡—海德堡版第1卷第409页。

③ 见卡·施达克《路德维希·费尔巴哈》1885年斯图加特版第280页。

出了一种更伟大得多的思想。”①

在黑格尔那里，恶是历史发展的动力的表现形式。这里有双重意思，一方面，每一种新的进步都必然表现为对某一神圣事物的亵渎，表现为对陈旧的、日渐衰亡的、但为习惯所崇奉的秩序的叛逆；另一方面，自从阶级对立产生以来，正是人的恶劣的情欲——贪欲和权势欲成了历史发展的杠杆，关于这方面，例如封建制度的和资产阶级的历史就是一个独一无二的持续不断的证明。但是，费尔巴哈就没有想到要研究道德上的恶所起的历史作用。历史对他来说是一个不愉快的可怕的领域。他有句名言：

“当人最初从自然界产生的时候，他也只是一个纯粹的自然物，而不是人。人是人、文化、历史的产物。”②——

甚至这句名言在他那里也仍然是毫无结果的。

从上述一切可以明白，关于道德，费尔巴哈所告诉我们

① 黑格尔关于恶是历史发展动力的思想见他的著作《法哲学原理，或自然法和国家学纲要》第18、139节以及《宗教哲学讲演录》第3部第2篇第3章。后面这本著作的第一版于1832年在柏林出版。

② 这段引文在卡·施达克《路德维希·费尔巴哈》1885年斯图加特版第114页上引用过。引文摘自路·费尔巴哈《我的哲学经历的特征描述片段》，见《费尔巴哈全集》1846年莱比锡版第2卷第411页。

的东西只能是极其贫乏的。追求幸福的欲望是人生下来就有的，因而应当是一切道德的基础。但是追求幸福的欲望受到双重的矫正。第一，受到我们的行为的自然后果的矫正：酒醉之后，必定头痛；放荡成习，必生疾病。第二，受到我们的行为的社会后果的矫正：要是我们不尊重他人同样的追求幸福的欲望，那么他们就会反抗，妨碍我们自己追求幸福的欲望。由此可见：我们要满足我们的这种欲望，就必须能够正确地估量我们的行为的后果，另一方面还必须承认他人有相应的欲望的平等权利。因此，对己以合理的自我节制，对人以爱（又是爱!），这就是费尔巴哈的道德的基本准则，其他一切准则都是从中引申出来的。无论费尔巴哈的妙语横生的议论或施达克的热烈无比的赞美，都不能掩盖这几个命题的贫乏和空泛。

如果一个人只同己打交道，他追求幸福的欲望只有在非常罕见的情况下才能得到满足，而且决不是对己对人都有利。他的这种欲望要求同外部世界打交道，要求有得到满足的手段：食物、异性、书籍、娱乐、辩论、活动、消费和加工的对象。费尔巴哈的道德或者是以每一个人无疑地都有这些满足欲望的手段和对象为前提，或者只向每一个人提供无法应用的忠告，因而对于没有这些手段的人是一文不值的。这一点，费尔巴哈自己也说得很直截了当：

“皇宫中的人所想的，和茅屋中的人所想的是不同的。”[①]“如果你因为饥饿、贫困而身体内没有养料，那么你的头脑中、你的感觉中以及你的心中便没有供道德用的养料了。”[②]

至于说到他人追求幸福的平等权利，情况是否好一些呢？费尔巴哈提出这种要求，认为这种要求是绝对的，是适合于任何时代和任何情况的。但是这种要求从什么时候起被认为是适合的呢？在古代的奴隶和奴隶主之间，在中世纪的农奴和领主之间，难道谈得上追求幸福的平等权利吗？被压迫阶级追求幸福的欲望不是被冷酷无情地“依法”变成了统治阶级的这种欲望的牺牲品吗？——是的，这也是不道德的，但是现在平等权利被承认了。资产阶级在反对封建制度的斗争中和在发展资本主义生产的过程中不得不废除一切等级的即个人的特权，而且起初在私法方面，后来逐渐在公法方面实施了个人在法律上的平等权利，从那时以来并且由于那个缘故，平等权利在口头上是被承认了。但是，追求幸福的欲望只有极微小的一部分可以靠观念上的权利来满足，绝大部分

---

① 这段引文在卡·施达克《路德维希·费尔巴哈》1885年斯图加特版第119页上引用过。引文摘自路·费尔巴哈《驳躯体和灵魂、肉体和精神的二元论》，见《费尔巴哈全集》1846年莱比锡版第2卷第363页。

② 这段引文在卡·施达克《路德维希·费尔巴哈》1885年斯图加特版第254页上引用过。引文摘自路·费尔巴哈《道德哲学》，见卡·格律恩《路德维希·费尔巴哈的书简、遗稿及其哲学特征的阐述》1874年莱比锡—海德堡版第2卷第285—286页。

却要靠物质的手段来实现，而由于资本主义生产所关心的，是使绝大多数权利平等的人仅有最必须的东西来勉强维持生活，所以资本主义对多数人追求幸福的平等权利所给予的尊重，即使有，也未必比奴隶制或农奴制所给予的多一些。至于说到幸福的精神手段、教育手段，情况是否好一些呢？就连“萨多瓦的教师”[①]不也是一个神话人物吗？

不仅如此。根据费尔巴哈的道德论，证券交易所就是最高的道德殿堂，只要人们的投机始终都是得当的。如果我的追求幸福的欲望把我引进了交易所，而且我在那里又善于正确地估量我的行为的后果，因而这些后果只使我感到愉快而不引起任何损失，就是说，如果我经常赚钱的话，那么费尔巴哈的指示就算执行了。我也并没有因此就妨碍另一个人的同样的追求幸福的欲望，因为另一个人和我一样，是自愿到交易所去的，他和我达成投机交易时是按照他追求幸福的欲望行事，正如我是按照我追求幸福的欲望行事一样。如果他陪了钱，那么这就证明他的行为是不道德的，因为他盘算错了，而且，我在对他执行应得的惩罚时，甚至可以摆出现代拉达曼的威风来。只要爱不纯粹是温情的空话，交易

① “萨多瓦的教师”是普鲁士军队在1866年奥普战争中萨多瓦一役获胜后，德国资产阶级政论文章中的流行用语，其意是将普鲁士军队获胜的原因归功于普鲁士优越的国民教育制度。这一用语源于《外国》杂志的编辑奥·佩舍尔发表在该杂志1866年7月17日第29期上的一篇题为《最近的战争历史的教训》的文章。

所也是由爱统治的，因为每个人都靠别人来满足自己追求幸福的欲望，而这就是爱应当做的事情，爱也在这里得到了实现。如果我在那里正确地预见到我的行动的后果，因而赌赢了，那么我就执行了费尔巴哈道德的一切最严格的要求，而且还成了富翁。换句话说，费尔巴哈的道德是完全适合于现代资本主义社会的，不管他自己多么不愿意或想不到是这样。

可是爱啊！——真的，在费尔巴哈那里，爱随时随地都是一个创造奇迹的神，可以帮助克服实际生活中的一切困难——而且这是在一个分裂为利益直接对立的阶级的社会里。这样一来，他的哲学中的最后一点革命性也消失了，留下的只是一个老调子：彼此相爱吧！不分性别、不分等级地互相拥抱吧！——大家都陶醉在和解中了！

简单扼要地说，费尔巴哈的道德论是和它的一切前驱者一样的。它是为一切时代、一切民族、一切情况而设计出来的；正因为如此，它在任何时候和任何地方都是不适用的，而在现实世界面前，是和康德的绝对命令一样软弱无力的。实际上，每一个阶级，甚至每一个行业，都各有各的道德，并且，只要它能破坏这种道德而不受惩罚，它就加以破坏。而本应把一切人都联合起来的爱，则表现在战争、争吵、诉讼、家庭纠纷、离婚以及一些人对另一些人的尽可能的剥削中。

但是，费尔巴哈所提供的强大推动力怎么能对他本人也毫无结果呢？理由很简单，因为费尔巴哈不能找到从他自己所极端憎恶的抽象王国通向活生生的现实世界的道路。他紧紧地抓住自然界和人；但是，在他那里，自然界和人都只是空话。无论关于现实的自然界或关于现实的人，他都不能对我们说出任何确定的东西。要从费尔巴哈的抽象的人转到现实的、活生生的人，就必须把这些人作为在历史中行动的人去考察。而费尔巴哈反对这样做，因此，他所不了解的1848年对他来说只意味着和现实世界最后分离，意味着退入孤寂的生活。在这方面，主要又要归咎于德国的状况，这种状况使他落得这种悲惨的结局。

但是，费尔巴哈没有走的一步，必定会有人走的。对抽象的人的崇拜，即费尔巴哈的新宗教的核心，必定会由关于现实的人及其历史发展的科学来代替。这个超出费尔巴哈而进一步发展费尔巴哈观点的工作，是由马克思于1845年在《神圣家族》中开始的。

四

施特劳斯、鲍威尔、施蒂纳、费尔巴哈，就他们没有离开哲学这块土地来说，都是黑格尔哲学的分支。施特劳斯写了《耶稣传》和《教义学》[1]以后，就只从事写作勒南式的哲学和教会史的美文学作品；鲍威尔只是在基督教起源史方面做了一些事情，虽然他在这里所做的也是重要的；施蒂纳甚至在巴枯宁把他同蒲鲁东混合起来并且把这个混合物命名为“无政府主义”以后，依然是一个怪物；唯有费尔巴哈是个杰出的哲学家。但是，不仅哲学这一似乎凌驾于一切专门科学之上并把它们包罗在内的科学的科学，对他来说，仍然是不可逾越的屏障，不可侵犯的圣物，而且作为一个哲学家，他也停留在半路上，他下半截是唯物主义者，上半截是唯心主义者；他没有批判地克服黑格尔，而是简单地把黑格尔当做无用的东西抛在一边，同时，与黑格尔体系的百科全书式的丰富内容相比，他本人除了矫揉造作的爱的宗教和贫乏无力的道德以外，拿不出什么积极的东西。

但是，从黑格尔学派的解体过程中还产生了另一个派别，唯一的真正结出果实的派别。这个派别主要是同马克思的名

① 指大·施特劳斯《基督教教理的历史发展及其同现代科学的斗争》1840—1841年蒂宾根—斯图加特版第1—2卷，该书第二部的标题是《基督教教理的物质内容（教义学）》。

字联系在一起的。①

同黑格尔哲学的分离在这里也是由于返回到唯物主义观点而发生的。这就是说，人们决心在理解现实世界（自然界和历史）时，按照它本身在每一个不以先入为主的唯心主义怪想来对待它的人面前所呈现的那样来理解；他们决心毫不怜惜地抛弃一切同事实（从事实本身的联系而不是从幻想的联系来把握的事实）不相符合的唯心主义怪想。除此之外，唯物主义并没有别的意义。不过在这里第一次对唯物主义世界观采取了真正严肃的态度，把这个世界观彻底地（至少在主要方面）运用到所研究的一切知识领域里去了。

黑格尔不是简单地被放在一边，恰恰相反，上面所阐述的他的革命方面，即辩证方法是被接过来了。但是这种方法在黑格尔的形式中是无用的。在黑格尔那里，辩证法是概念的自我发展。绝对概念不仅是从来就存在的（不知在哪里?）

① 恩格斯在这里加了一个注:“请允许我在这里作一点个人的说明。近来人们不止一次地提到我参加了制定这一理论的工作,因此,我在这里不得不说几句话,把这个问题澄清。我不能否认,我和马克思共同工作40年,在这以前和这期间,我在一定程度上独立地参加了这一理论的创立,特别是对这一理论的阐发。但是,绝大部分基本指导思想(特别是在经济和历史领域内),尤其是对这些指导思想的最后的明确的表述,都是属于马克思的。我所提供的,马克思没有我也能够做到,至多有几个专门的领域除外。至于马克思所做到的,我却做不到。马克思比我们大家都站得高些,看得远些,观察得多些和快些。马克思是天才,我们至多是能手。没有马克思,我们的理论远不会是现在这个样子。所以,这个理论用他的名字命名是理所当然的。”——编者注

而且是整个现存世界的真正的活的灵魂。它通过在《逻辑学》中详细探讨过的并且完全包含在它自身中的一切预备阶段而向自身发展；然后它使自己“外化”，转化为自然界，它在自然界中并没有意识到它自己，而是采取自然必然性的形式，经过新的发展，最后在人身上重新达到自我意识；这个自我意识，在历史中又从粗糙的形式中挣脱出来，直到绝对概念终于在黑格尔哲学中又完全地达到自身为止。因此，在自然界和历史中所显露出来的辩证的发展，即经过一切迂回曲折和暂时退步而由低级到高级的前进运动的因果联系，在黑格尔那里，只是概念的自己运动的翻版，而这种概念的自己运动是从来就有的（不知在什么地方），但无论如何是不依任何能思维的人脑为转移的。这种意识形态上的颠倒是应该消除的。我们重新唯物地把我们头脑中的概念看做现实事物的反映，而不是把现实事物看做绝对概念的某一阶段的反映。这样，辩证法就归结为关于外部世界和人类思维的运动的一般规律的科学，这两个系列的规律在本质上是同一的，但是在表现上是不同的，这是因为人的头脑可以自觉地应用这些规律，而在自然界中这些规律是不自觉地、以外部必然性的形式、在无穷无尽的表面的偶然性中实现的，而且到现在为止在人类历史上多半也是如此。这样，概念的辩证法本身就变成只是现实世界的辩证法运动的自觉的反映，从而黑格尔的辩证法就被倒转过来了，或者宁可说，不是用头立地而是重新用脚立地了。而且值得注意的是，不仅我们发现了这个多年来已成为我们最好的工具和最锐利的武器的唯物主义辩证法，而且德国工人约瑟夫·狄慈根不依靠我们，甚至不依靠黑格尔也发现了它。①

而这样一来，黑格尔哲学的革命方面就恢复了，同时也摆脱了那些曾经在黑格尔那里阻碍它贯彻到底的唯心主义装饰。一个伟大的基本思想，即认为世界不是既成**事物**的集合体，而是**过程**的集合体，其中各个似乎稳定的事物同它们在我们头脑中的思想映象即概念一样都处在生成和灭亡的不断变化中，在这种变化中，尽管有种种表面的偶然性，尽管有种种暂时的倒退，前进的发展终究会实现——这个伟大的基本思想，特别是从黑格尔以来，已经成了一般人的意识，以致它在这种一般形式中未必会遭到反对了。但是，口头上承认这个思想是一回事，实际上把这个思想分别运用于每一个研究领域，又是一回事。如果人们在研究工作中始终从这个观点出发，那么关于最终解决和永恒真理的要求就永远不会提出了：人们就始终会意识到他们所获得的一切知识必然具有的局限性，意识到他们在获得知识时所处的环境对这些知

① 恩格斯在这里加了一个注："见《人脑活动的实质。一个手艺人的描述》汉堡迈斯纳出版社版。"——编者注

指约·狄慈根的著作《人脑活动的实质。一个手艺人的描述，纯粹的和实践的理性的再批判》1869年汉堡版。

识的制约性；人们对于还在不断流行的旧形而上学所不能克服的对立，即真理和谬误、善和恶、同一和差别、必然和偶然之间的对立也不再敬畏了；人们知道，这些对立只有相对的意义；今天被认为是合乎真理的认识都有它隐蔽着的、以后会显露出来的错误的方面，同样，今天已经被认为是错误的认识也有它合乎真理的方面，因而它从前才能被认为是合乎真理的；被断定为必然的东西，是由纯粹的偶然性构成的，而所谓偶然的东西，是一种有必然性隐藏在里面的形式，如此等等。

旧的研究方法和思维方法，黑格尔称之为“形而上学的”方法，主要是把**事物**当做一成不变的东西去研究，它的残余还牢牢地盘踞在人们的头脑中，这种方法在当时是有重大的历史根据的。必须先研究事物，尔后才能研究过程。必须先知道一个事物是什么，尔后才能觉察这个事物中所发生的变化。自然科学中的情形正是这样。认为事物是既成的东西的旧形而上学，是从那种把非生物和生物当做既成事物来研究的自然科学中产生的。而当这种研究已经进展到可以向前迈出决定性的一步，即可以过渡到系统地研究这些事物在自然界本身中所发生的变化的时候，在哲学领域内也就响起了旧形而上学的丧钟。事实上，直到上一世纪末，自然科学主要是**搜集材料的**科学，关于既成事实的科学，但是在本世纪，自然科学本质上是**整理材料的**科学，是关于过程、关于这些事物的发生和发展以及关于联系——把这些自然过程结合为一个大的整体——的科学。研究植物机体和动物机体中的过程的生理学，研究单个机体从胚胎到成熟的发育过程的胚胎学，研究地壳逐渐形成过程的地质学，所有这些科学都是我们这个世纪的产儿。

但是，首先是三大发现使我们对自然过程的相互联系的认识大踏步地前进了：第一是发现了细胞，发现细胞是这样一种单位，整个植物体和动物体都是从它的繁殖和分化中发育起来的。这一发现，不仅使我们知道一切高等有机体都是按照一个共同规律发育和生长的，而且使我们通过细胞的变异能力看出有机体能改变自己的物种从而能完成比个体发育更高的发育的道路。——第二是能量转化，它向我们表明了一切首先在无机界中起作用的所谓力，即机械力及其补充，所谓位能、热、放射（光或辐射热）、电、磁、化学能，都是普遍运动的各种表现形式，这些运动形式按照一定的度量关系由一种转变为另一种，因此，当一种形式的量消失时，就有另一种形式的一定的量代之出现，因此，自然界中的一切运动都可以归结为一种形式向另一种形式不断转化的过程。——最后，达尔文第一次从联系中证明了，今天存在于我们周围的有机自然物，包括人在内，都是少数原始单细胞胚胎的长期发育过程的产物，而这些胚胎又是由那些通过化学途径产生的原生质或蛋白质形成的。

由于这三大发现和自然科学的其他巨大进步，我们现在不仅能够说明自然界中各个领域内的过程之间的联系，而且总的说来也能指出各个领域之间的联系了，这样，我们就能够依靠经验自然科学本身所提供的事实，以近乎系统的形式描绘出一幅自然界联系的清晰图画。描绘这样一幅总的图画，在以前是所谓自然哲学的任务。而自然哲学只能这样来描绘：用观念的、幻想的联系来代替尚未知道的现实的联系，用想象来补充缺少的事实，用纯粹的臆想来填补现实的空白。它在这样做的时候提出了一些天才的思想，预测到一些后来的发现，但是也发表了十分荒唐的见解，这在当时是不可能不这样的。今天，当人们对自然研究的结果只要辩证地即从它们自身的联系进行考察，就可以制成一个在我们这个时代是令人满意的“自然体系”[①]的时候，当这种联系的辩证性质，甚至违背自然科学家的意志，使他们受过形而上学训练的头脑不得不承认的时候，自然哲学就最终被排除了。任何使它复活的企图不仅是多余的，而且**是倒退**。

这样，自然界也被承认为历史发展过程了。而适用于自然界的，同样适用于社会历史的一切部门和研究人类的（和神的）事物的一切科学。在这里，历史哲学、法哲学、宗教哲学等等也都是以哲学家头脑中臆造的联系来代替应当在事

① 指保·霍尔巴赫1770年用笔名米拉博在伦敦出版的《自然体系，或物质世界和精神世界的规律》。——编者注

变中去证实的现实的联系，把全部历史及其各个部分都看做观念的逐渐实现，而且当然始终只是哲学家本人所喜爱的那些观念的逐渐实现。这样看来，历史是不自觉地，但必然是为了实现某种预定的理想目的而努力，例如在黑格尔那里，是为了实现他的绝对观念而努力，而力求达到这个绝对观念的坚定不移的意向就构成了历史事变中的内在联系。这样，人们就用一种新的——不自觉的或逐渐自觉的——神秘的天意来代替现实的、尚未知道的联系。因此，在这里也完全像在自然领域里一样，应该通过发现现实的联系来清除这种臆造的人为的联系；这一任务，归根到底，就是要发现那些作为支配规律在人类社会的历史上起作用的一般运动规律。

但是，社会发展史却有一点是和自然发展史根本不相同的。在自然界中（如果我们把人对自然界的反作用撇开不谈）全是没有意识的、盲目的动力，这些动力彼此发生作用，而一般规律就表现在这些动力的相互作用中。在所发生的任何事情中，无论在外表上看得出无数表面的偶然性中，或者在可以证实这些偶然性内部的规律性的最终结果中，都没有任何事情是作为预期的自觉的目的发生的。相反，在社会历史领域内进行活动的，是具有意识的、经过思虑或凭激情行动的、追求某种目的的人；任何事情的发生都不是没有自觉的意图，没有预期的目的的。但是，不管这个差别对历史研究，尤其是对各个时代和各个事变的历史研究如何重要，它丝毫不能改变这样一个事实：历史进程是受内在的一般规律支配的。因为在这一领域内，尽管各个人都有自觉预期的目的，总的说来在表面上好像也是偶然性在支配着。人们所预期的东西很少如愿以偿，许多预期的目的在大多数场合都互相干扰，彼此冲突，或者是这些目的本身一开始就是实现不了的，或者是缺乏实现的手段的。这样，无数的单个愿望和单个行动的冲突，在历史领域内造成了一种同没有意识的自然界中占统治地位的状况完全相似的状况。行动的目的是预期的，但是行动实际产生的结果并不是预期的，或者这种结果起初似乎还和预期的目的相符合，而到了最后却完全不是预期的结果。这样，历史事件似乎总的说来同样是由偶然性支配着的。但是，在表面上是偶然性在起作用的地方，这种偶然性始终是受内部的隐蔽着的规律支配的，而问题只是在于发现这些规律。

无论历史的结局如何，人们总是通过每一个人追求他自己的、自觉期望的目的来创造自己的历史，而这许多按不同方向活动的愿望及其对外部世界的各种各样作用的合力，就是历史。因此，问题也在于，这许多单个的人所预期的是什么。愿望是由激情或思虑来决定的。而直接决定激情或思虑的杠杆是各式各样的。有的可能是外界的事物，有的可能是精神方面的动机，如功名心、“对真理和正义的热忱”、个人的憎恶，或者甚至是各种纯粹个人的怪想。但是，一方面，我们已经看到，在历史上活动的许多单个愿望在大多数场合下所得到的完全不是预期的结果，往往是恰恰相反的结果，因而它们的动机对全部结果来说同样地只有从属的意义。另一方面，又产生了一个新的问题：在这些动机背后隐藏着的又是什么样的动力？在行动者的头脑中以这些动机的形式出现的历史原因又是什么？

旧唯物主义从来没有给自己提出过这样的问题。因此，它的历史观——如果它有某种历史观的话——本质上也是实用主义的，它按照行动的动机来判断一切，把历史人物分为君子和小人，并且照例认为君子是受骗者，而小人是得胜者。旧唯物主义由此得出结论是，在历史的研究中不能得到很多有教益的东西；而我们由此得出的结论是，旧唯物主义在历史领域内自己背叛了自己，因为它认为在历史领域中起作用的**精神的**动力是最终原因，而不去研究隐藏在这些动力后面的是什么，这些动力的动力是什么。不彻底的地方并不在于承认精神的动力，而在于不从这些动力进一步追溯到它的动因。相反，历史哲学，特别是黑格尔所代表的历史哲学，认为历史人物的表面动机和真实动机都决不是历史事变的最终原因，认为这些动机后面还有应当加以探究的别的动力；但是它不在历史本身中寻找这种动力，反而从外面，从哲学的意识形态把这种动力输入历史。例如黑格尔，他不从古希腊历史本身的内在联系去说明古希腊的历史，而只是简单地断言，古希腊的历史无非是“美好的个性形式”的制定，是“艺术作品”本身的实现。[①]在这里，黑格尔关于古希腊人作了许多精彩而深刻的论述，但是这并不妨碍我们今天对那些纯属空谈的说明表示不满。

因此，如果要去探究那些隐藏在——自觉地或不自觉地，而且往往是不自觉地——历史人物的动机背后并且构成历史的真正的最后动力的动力，那么问题涉及的，与其说是个别人物，即使是非常杰出的人物的动机，不如说是使广大群众、使整个整个的民族，并且在每一民族中间又是使整个整个阶级行动起来的动机；而且也不是短暂的爆发和转瞬即逝的火光，而是持久的、引起重大历史变迁的行动。探讨那些作为自觉的动机明显地或不明显地、直接地或以意识形态的形式、甚至以被神圣化的形式反映在行动着的群众及其领袖即所谓伟大人物的头脑中的动因——这是能够引导我们去探索在整个历史中以及个别时期和个别国家的历史中起支配作用的规律的唯一途径。使人们行动起来的一切，都必须要经过他们的头脑；但是这一切在人们的头脑中采取什么形式，这在很大程度上是由各种情况决定的。现在工人不再像1848年在莱茵地区那样简单地捣毁机器，但是，这决不是说，他们已经

① 参看黑格尔《历史哲学讲演录》第2部第2篇。——编者注

容忍按照资本主义方式应用机器。

但是，在以前的各个时期，对历史的这些动因的探究几乎是不可能的，因为它们和自己的结果的联系是混乱而隐蔽的，在我们今天这个时期，这种联系已经简化了，以致人们有可能揭开这个谜了。从采用大工业以来，就是说，至少从1815年签订欧洲和约[①]以来，在英国，谁都知道，土地贵族（landed aristocracy）和资产阶级（middle class）这两个阶级争夺统治的要求，是英国全部政治斗争的中心。在法国，随着波旁王室的返国[②]，同样的事实也被人们意识到了；复辟时期的历史编纂学家，从梯叶里到基佐、米涅和梯也尔，总是指出这一事实是理解中世纪以来法国历史的钥匙。而从1830年起，在这两个国家里，工人阶级即无产阶级，已被承认是为争夺统治而斗争的第三个战士。当时关系已经非常简化，只有故意闭起眼睛的人才看不见，这三大阶级的斗争和它们的利益冲突是现代历史的动力，至少是这两个最先进国家的现代历史的动力。

但是这些阶级是怎样产生的呢？初看起来，那种从前是

---

① 拿破仑第一战败后，欧洲列强从1814年11月1日起在维也纳正式召开会议，目的是通过解决领土问题和权力问题在欧洲建立一个新的和平秩序。根据1815年6月9日会议的决议，新的政治秩序在势力均衡原则和正统原则的基础上确立起来。

② 1814年4月3日拿破仑第一退位后，4月6日法国元老院任命波旁王室的路易十八为新国王，流亡在外的路易十八回到巴黎，波旁王朝复辟。

封建的大土地占有制的起源，还可以（至少首先可以）归于政治原因，归于暴力掠夺，但是这对于资产阶级和无产阶级，这就说不通了。在这里，显而易见，这两大阶级的起源和发展是由于纯粹经济的原因。而同样明显的是，土地占有制和资产阶级之间的斗争，正如资产阶级和无产阶级之间的斗争一样，首先是为了经济利益而进行的，政治权力不过是用来实现经济利益的手段。资产阶级和无产阶级这两个阶级是由于经济关系发生变化，确切些说，是由于生产方式发生变化而产生的。最初是从行会手工业到工场手工业的过渡，随后又是从工场手工业到使用蒸汽和机器的大工业的过渡，使这两个阶级发展起来了。在一定阶段上，资产阶级推动的新的生产力——首先是分工和许多局部工人在一个综合性手工工场里的联合——以及通过生产力发展起来的交换条件和交换需要，同现存的、历史上继承下来的而且被法律神圣化的生产秩序不相容了，就是说，同封建社会制度的行会特权以及许多其他的个人特权和地方特权（这些特权对于非特权等级来说都是桎梏）不相容了。资产阶级所代表的生产力起来反抗封建土地占有者和行会师傅所代表的生产秩序；结局是大家都知道的：封建桎梏被打碎了，在英国是逐渐被打碎，在法国是一下子打碎的，在德国还没有完全打碎。但是，正像工场手工业在一定发展阶段上曾经同封建的生产秩序发生冲突一样，大工业现在已经同代替封建生产秩序的资产阶级生产秩序相冲突了。被这种秩序、被资本主义生产方式的狭隘范围所束缚的大工业，一方面使全体广大人民群众越来越无产阶级化，另一方面生产出越来越多的没有销路的产品。生产过剩和大众的贫困，两者互为因果，这就是大工业所陷入的荒谬的矛盾，这个矛盾必然要求通过改变生产方式来使生产力摆脱桎梏。

因此，在现代历史中至少已经证明：一切政治斗争都是阶级斗争，而一切争取解放的阶级斗争，尽管它必然地具有政治的形式（因为一切阶级斗争都是政治斗争），归根到底都是围绕着经济解放进行的。因此，至少在这里，国家、政治制度是从属的东西，而市民社会、经济关系的领域是决定性的因素，从传统的观点看来（这种观点也是黑格尔所尊崇的），国家是决定的因素，市民社会是被国家决定的因素。表面现象是和这种看法符合的。就单个人来说，他的行为的一切动力，都一定要通过他的头脑，一定要转变为他的意志的动机，才能使他行动起来，同样，市民社会的一切要求（不管当时是哪一个阶级统治着），也一定要通过国家的意志，才能以法律形式取得普遍效力。这是问题的形式方面，这方面是不言而喻的；不过要问一下，这个仅仅是形式上的意志（不论是单个人的或国家的）有什么内容呢？这一内容是从哪里来的呢？为什么人们所期望的正是这个而不是别的呢？在寻求这个问题的答案时，我们就发现，在现代历史中，国家的意志总的说来是由市民社会的不断变化的需要，是由某个阶级的优势地位，归根到底，是由生产力和交换关系的发展决定的。

但是，既然甚至在拥有巨量生产资料和交往手段的现代，国家都不是一个具有独立发展的独立领域，而它的存在和发展归根到底都应该从社会的经济生活条件中得到解释，那么，以前的一切时代就必然更是这样了，那时人们物质生活的生产还没有使用这样丰富的辅助手段来进行，因而这种生产的必要性必不可免地在更大程度上支配着人们。既然在今天这个大工业和铁路的时代，国家总的说来还只是以集中的形式反映了支配着生产的阶级的经济需要，那么，在以前的时代，国家就必然更加是这样了，那时每一代人都要比我们今天更多得多地耗费一生中的时间来满足自己的物质需要，因而要比我们今天更多地依赖于这种物质需要。对从前各个时代的历史的研究，只要在这方面是认真进行的，都会最充分地证实这一点；但是，在这里当然不能进行这种研究了。

如果说国家和公法是由经济关系决定的，那么不言而喻，私法也是这样，因为私法本质上只是确认单个人之间的现存的、在一定情况下是正常的经济关系。但是，这种确认所采取的形式可以是很不相同的。人们可以把旧的封建法权形式的大部分保存下来，并且赋予这种形式以资产阶级的内容，甚至直接给封建的名称加上资产阶级的含义，就像在英国与民族的全部发展相一致而发生的那样；但是人们也可以像在西欧大陆上那样，把商品生产者社会的第一世界性法律即罗马法以及它对简单商品所有者的一切本质的法的关系（如买主和卖主、债权人和债务人、契约、债务等等）所作的无比明确的规定作为基础。这样做时，为了仍然是小资产阶级的和半封建的社会的利益，人们可以或者是简单地通过审判的实践降低罗马法，使它适合于这个社会的状况（普通法），或者是依靠所谓开明的进行道德说教的法学家的帮助把它加工成一种适应于这种社会状况的特殊法典，这种法典，在这种情况下即使从法学观点看来也是不好的（普鲁士邦法①）；但是这样做时，人们也可以在资产阶级大革命以后，以同一个罗马法为基础，制定出像法兰西民法典这样典型的资产阶级社会的法典。因此，如果说民法准则只是以法的形式表现了社会的经济生活条件，那么这种准则就可以依情况的不同而把这些条件有时表现得好，有时表现得坏。

国家作为第一支配人的意识形态力量出现在我们面前。社会创立一个机关来保护自己的共同利益，免遭内部和外部的侵犯。这种机关就是国家政权。它刚一产生，对社会来说

① 指《普鲁士国家通用邦法》，包括私法、国家法、教会法和刑法，自1794年6月1日起开始生效。由于法国资产阶级革命及其对德国的影响，普鲁士邦法明显地反映出资产阶级改良的萌芽，然而就其实质来说，它仍然是一部封建性质的法律。

就是独立的，而且它越是成为某个阶级的机关，越是直接地实现这一阶级的统治，它就越独立。被压迫阶级反对统治阶级的斗争必然要变成政治的斗争，变成首先是反对这一阶级的政治统治的斗争；对这一政治斗争同它的经济基础的联系的认识，就日益模糊起来，并且会完全消失。即使在斗争参加者那里情况不完全是这样，但是在历史编纂学家那里差不多总是这样的。在关于罗马共和国内部斗争的古代史料中，只有阿庇安一人清楚而明确地告诉我们，这一斗争归根到底是为什么进行的，即为土地所有权进行的。

但是，国家一旦成了对社会来说是独立的力量，马上就产生了另外的意识形态。这就是说，在职业政治家那里，在公法理论家和私法法学家那里，同经济事实的联系就完全消失了。因为经济事实要以法律的形式获得确认，必须在每一个别场合都采取法律动机的形式，而且，因为在这里，不言而喻地要考虑到现行的整个法律体系，所以，现在法律形式就是一切，而经济内容则什么也不是。公法和私法被看做两个独立的领域，它们各有自己的独立的历史发展，它们本身都可以系统地加以说明，并需要通过彻底根除一切内部矛盾来作出这种说明。

更高的即更远离物质经济基础的意识形态，采取了哲学和宗教的形式。在这里，观念同自己的物质存在条件的联系，越来越错综复杂，越来越被一些中间环节弄模糊了。但是这一联系是存在着的。从15世纪中叶起的整个文艺复兴时代，本质上是城市的从而是市民阶级的产物，同样，从那时起重新觉醒的哲学也是如此。哲学的内容本质上仅仅是那些和中小市民阶级发展为大资产阶级的过程相适应的思想的哲学表现。在上一世纪的那些往往既是哲学家又是政治经济学家的英国人和法国人那里，这种情形是表现得很明显的，而在黑格尔学派那里，这一情况我们在上面已经说明过了。

现在我们再简略地谈谈宗教，因为宗教离开物质生活最远，而且好像是同物质生活最不相干。宗教是最原始的时代从人们关于他们自身的自然和周围的外部自然的错误的、最原始的观念中产生的。但是，任何意识形态一经产生，就同现有的观念材料相结合而发展起来，并对这些材料作进一步的加工；不然，它就不是意识形态了，就是说，它就不是把思想当做独立地发展的、仅仅服从自身规律的独立存在的东西来对待了。人们头脑中发生的这一思想过程，归根到底是由人们的物质生活条件决定的，这一事实，对这些人来说必然是没有意识到的，否则，全部意识形态就完结了。因此，大部分是每个有亲属关系的民族集团所共有的这些原始的宗教观念，在这些集团分裂以后，便在每一个民族那里依各自遇到的生活条件而独特地发展起来，而这一过程对一系列民族集团来说，特别是对雅利安人（所谓印欧人）来说，已由比较神话学详细地证实了。这样在每一个民族中形成的神，都是民族的神，这些神的王国不越出它们所守护的民族领域，在这个界线以外，就无可争辩地由别的神统治了。只要这些民族存在，这些神也就继续活在人们的观念中；这些民族没落了，这些神也就随着灭亡。罗马世界帝国使得古老的民族没落了（关于罗马世界帝国产生的经济条件，我们没有必要在这里加以研究），古老的民族的神就灭亡了，甚至罗马的那些仅仅适合于罗马城这个狭小圈子的神也灭亡了；罗马曾企图除本地的神以外还承认和供奉一切多少受崇敬的异族的神，这就清楚地表明了有以一种世界宗教来充实世界帝国的需要。但是一种新的世界宗教是不能这样用皇帝的敕令创造出来的。新的世界宗教，即基督教，已经从普遍化了的东方神学，特别是犹太神学同庸俗化了的希腊哲学，特别是斯多亚派哲学[①]的混合中悄悄地产生了。我们必须重新进行艰苦的研究，才能够知道基督教最初是什么样子，因为它那流传到我们今天的官方形式仅仅是尼西亚宗教会议[②]为了使它成为国教而赋予它的那种形式。它在二百五十年后已经变成国教这一事实，足以证明它是适应时势的宗教。在中世纪，随着封建制度的发展，基督教成为一种同它相适应的、具有相应的封建等级

① 斯多亚派是公元前4世纪末产生于古希腊的一个哲学派别，因其创始人芝诺通常在雅典集市的画廊（画廊的希腊文是“στοα”）讲学，故称斯多亚派，又称画廊学派。

斯多亚派哲学分为逻辑学、物理学和伦理学，以伦理学为中心，逻辑学和物理学只是为伦理学提供基础。这个学派主要宣扬服从命运并带有浓厚宗教色彩的泛神论思想，其中既有唯物主义倾向，又有唯心主义思想。早期斯多亚派认为，认识来源于对外界事物的感觉，但又承认关于神、善恶、正义等的先天观念。他们把赫拉克利特的火和逻各斯看成一个东西，认为宇宙实体既是物质性的，同时又是创造一切并统治万物的世界理性，也是神、天命和命运，或称自然。人是自然的一部分，也受天命支配，人应该顺应自然的规律而生活，即遵照理性和道德而生活。合乎理性的行为就是德行，只有德行才能使人幸福。人要有德行，成为闪人，就必须用理性克制情欲，达到清心寡欲以至无情无欲的境界。中期斯多亚派强调社会责任、道德义务，加强了道德生活中的禁欲主义倾向。晚期斯多亚派宣扬安于命运，服从命运，认为人的一生注定是有罪的、痛苦的，只有忍耐和克制欲望，才能摆脱痛苦和罪恶，得到精神的安宁和幸福。晚期斯多亚派的伦理思想为基督教的兴起准备了思想条件。

② 尼西亚宗教会议是基督教会第一次世界性主教会议。这次会议于325年由罗马皇帝君士坦丁一世在小亚细亚的尼西亚城召开，约300名主教或代表主教的长老出席。会议针对当时教会存在的“三位一体”派和阿里乌派的信仰分歧，通过了一切基督徒必须遵守“三位一体”的信条（正统基督教教义的基本原则），不承认信条以叛国罪论。会议还制定了教会法规，以加强主教权力，实为加强皇帝权力，因主教由皇帝任免。从此基督教成为罗马帝国国教。

制的宗教。当市民阶级兴起的时候，新教异端首先在法国南部的阿尔比派[①]中间，在那里的城市最繁荣的时代，同封建的天主教相对抗而发展起来。中世纪把意识形态的其他一切形式——哲学、政治、法学，都合并到神学中，使它们成为神学中的科目。因此，当时任何社会运动和政治运动都不得不采取神学的形式；对于完全由宗教培育起来的群众感情说来，要掀起巨大的风暴，就必须让群众的切身利益披上宗教的外衣出现。市民阶级从最初起就给自己制造了一种由无财产的、不属于任何公认的等级的城市平民、零工和各种仆役所组成的附属品，即后来无产阶级的前身，同样，宗教异端也早就分成了两派：市民温和派和甚至也为市民异教徒所憎恶的平民革命派。

新教异端的不可根绝是同正在兴起的市民阶级的不可战胜相适应的；当这个市民阶级已经充分强大的时候，他们从前同封建贵族进行的主要是地方性的斗争便开始具有全国性的规模了。第一次大规模的行动发生在德国，这就是所谓的

① 阿尔比派是基督教的一个教派，12—13世纪广泛传播于法国南部和意大利北部的城市，其主要发源地是法国南部阿尔比城。阿尔比派反对天主教的豪华仪式和教阶制度，它以宗教的形式反映了城市商业和手工业居民对封建制度的反抗。法国南部的部分贵族也加入了阿尔比派，他们企图剥夺教会的土地。法国北部的封建主和教皇称该派为南方法兰西的“异教徒”。1209年教皇英诺森三世曾组织十字军征讨阿尔比派。经过20年战争和残酷的镇压，阿尔比派运动终于失败。

宗教改革[①]。那时市民阶级既不够强大又不够发展，不足以把其他的反叛等级——城市平民、下层贵族和乡村农民——联合在自己的旗帜之下。贵族首先被击败；农民举行了起义，形成了这次整个革命运动的顶点；城市背弃了农民，革命被各邦君主的军队镇压下去了，这些君主攫取了革命的全部果实。从那时起，德国有整整三个世纪从那些能独立地干预历史的国家的行列中消失了。但是除德国人路德外，还出现了法国人加尔文，他以真正法国式的尖锐性突出了宗教改革的资产阶级性质，使教会共和化和民主化。当路德的宗教改革在德国已经蜕化并把德国引向灭亡的时候，加尔文的宗教改革却成了日内瓦、荷兰和苏格兰共和党人的旗帜，使荷兰摆脱了西班牙和德意志帝国的统治，并为英国发生的资产阶级革命的第二幕提供了意识形态的外衣。在这里，加尔文教派[②]

① 指16世纪德国新教创始人马丁·路德领导的要求摆脱教皇控制、改革封建关系的宗教改革运动。1517年10月31日，路德在维滕贝格教堂门前张贴了《九十五条论纲》，抗议教皇滥用特权、派教廷大员以敛财为目的向各地教徒兜售赎罪券，并要求对此展开辩论。随着《九十五条论纲》的传播，德国和欧洲各地掀起了宗教改革运动。关于这一运动的情况，可参看恩格斯《德国农民战争》第二章（《马克思恩格斯文集》第2卷第234—254页）。

② 加尔文教派是16世纪胡格诺运动中兴起于法国的基督教新教教派，深受加尔文教义的影响。参加这一派的有不同的社会阶层，既有王公贵族，也有农民和手工业者。由于天主教派的暴力行为，1562年爆发了胡格诺战争，一直延续到1589年。结果胡格诺派的前首领纳瓦拉的亨利皈依天主教，成为国王，称亨利四世。该派严格奉行的宗教信条完全符合当时资产阶级的要求。

是当时资产阶级利益的真正的宗教外衣，因此，在1689年革命[①]由于一部分贵族同资产阶级间的妥协而结束以后，它也没有得到完全的承认。英国的国教会恢复了，但不是恢复到它以前的形式，即由国王充任教皇的天主教，而是强烈地加尔文教派化了。旧的国教会庆祝欢乐的天主教礼拜日，反对枯燥的加尔文教派礼拜日。新的资产阶级化的国教会，则采用后一种礼拜日，这种礼拜日至今还在装饰着英国。

在法国，1685年加尔文教派中的少数派曾遭到镇压，被迫皈依天主教或者被驱逐出境。[②]但是这有什么用处呢？那时自由思想家皮埃尔·培尔已经在忙于从事活动，而1694年伏尔泰也诞生了。路易十四的暴力措施只是使法国的资产阶级更便于以唯一同已经发展起来的资产阶级相适应的、非宗教的、纯粹政治的形式进行自己的革命。出席国民议会的不是新教徒，而是自由思想家了。由此可见，基督教进入了它的最后阶段。此后，它已不能成为任何进步阶级的意向的意识形态外衣了；它越来越变成统治阶级专有的东西，统治阶级

---

① 指1688年英国政变。这次政变驱逐了斯图亚特王朝的詹姆斯二世，宣布荷兰共和国的执政者奥伦治的威廉三世为英国国王。从1689年起，在英国确立了以土地贵族和大资产阶级的妥协为基础的立宪君主制。这次没有人民群众参加的政变被资产阶级史学家称作“光荣革命”。

② 自17世纪20年代起，对胡格诺教徒（加尔文派新教徒）施加的政治迫害和宗教迫害加剧。1685年，路易十四取消了亨利四世1598年颁布的赋予胡格诺教徒以信教和敬神自由地南特敕令，数十万胡格诺教徒不得不离开法国。

只把它当做使下层阶级就范的统治手段。同时，每个不同的阶级都利用它自己认为适合的宗教：占有土地的容克利用天主教的耶稣会派或新教的正统派，自由的和激进的资产者则利用理性主义，至于这些先生们自己相信还是不相信他们各自的宗教，这是完全无关紧要的。

这样，我们看到，宗教一旦形成，总要包含某些传统的材料，因为在一切意识形态领域内传统都是一种巨大的保守力量。但是，这些材料所发生的变化是由造成这种变化的人们的阶级关系即经济关系引起的。在这里只说这一点就够了。

上面的叙述只能是对马克思的历史观的一个概述，至多还加了一些例证。证明只能由历史本身提供；而在这里我可以说，在其他著作中证明已经提供得很充分了。但是，这种历史观结束了历史领域内的哲学，正如辩证的自然观使一切自然哲学都成为不必要的不可能的一样。现在无论在哪一个领域，都不再是从头脑中想出联系，而是从事实中发现这种联系了。这样，对于已经从自然界和历史中被驱逐出去的哲学来说，要是还留下什么的话，那就只留下一个纯粹思想的领域：关于思维过程本身的规律的学说，即逻辑和辩证法。

随着1848年命革而来的是，“有教养的”德国抛弃了理论，转入了实践的领域。以手工劳动为基础的小手工业和工场手工业已经为真正的大工业所代替；德国重新出现在世界

市场上；新的小德意志帝国①至少排除了由于小邦分立、封建残余和官僚制度造成的阻碍这一发展的最显著的弊病。但是，思辨②在多大程度上离开哲学家的书房而在证券交易所筑起自己的殿堂，有教养的德国也就在多大程度上失去了在德国最深沉的政治屈辱时代曾经是德国的光荣的伟大理论兴趣——那种不管所得成果在实践上是否能实现，不管它是否违反警方规定都照样致力于纯粹科学研究的兴趣。诚然，德国的官方自然科学，特别是在专门研究的领域中仍然保持着时代的高度，但是，正如美国《科学》杂志已经公正地指出的，在研究单个事实之间的重大联系方面的决定性进步，即把这些联系概括为规律，现在更多地是出在英国，而不像从前那样出在德国。③而在包括哲学在历史科学的领域内，那种旧有的在理论上毫无顾忌的精神已随着古典哲学完全消失了；起而

---

① 小德意志帝国指1871年1月在普鲁士领导下建立的不包括奥地利在内的德意志帝国。普鲁士在1866年普奥战争中取得胜利以后，于1867年成立了以普鲁士为首的北德意志联邦，其成员有19个德意志邦和三个自由市。1870年，北德意志联邦又吸收了德国西南的四个邦（巴登、黑森、巴伐利亚和符腾堡），并于1871年成立了德意志帝国。历史上把在普鲁士领导下实现统一地德意志联邦称为“小德意志”。

② 德文“Spekulation”既有“思辨”的意思，也有“投机”的意思。——编者注

③ 这里的论述见1883年10月5日《科学》第35期第2卷《科学中的民族特性》第456页。

《科学》（*Science*）是1880年由纽约新闻记者约翰·迈克尔斯创立的一份周刊，主要刊登最新科学研究成果，1900年成为美国科学促进会的期刊。

代之的是没有头脑的折中主义，是对职位和收入的担忧，指导极其卑劣的向上爬的思想。这种科学的官方代表都变成毫无掩饰的资产阶级的和现存国家的意识形态家，但这已经是在资产阶级和现存国家同工人阶级公开对抗的时代了。

德国人的理论兴趣，只是在工人阶级中还没有衰退，继续存在着。在这里，它是根除不了的。在这里，对职位、牟利，对上司的恩典，没有任何考虑。相反，科学越是毫无顾忌和大公无私，它就越符合工人的利益和愿望。在劳动发展史中找到了理解全部社会史的锁钥的新派别，一开始就主要是面向工人阶级的，并且从工人阶级那里得到了同情，这种同情是它在官方科学那里既没有寻找也没有期望过的。德国的工人运动是德国古典哲学的继承者。

原文是德文

弗·恩格斯写于1886年1月—2月初

载于1886年《新时代》杂志第4年卷第4、5期

卡·马克思

关于费尔巴哈的提纲*

1. 关于费尔巴哈①

一

从前的一切唯物主义（包括费尔巴哈的唯物主义）的主要缺点是：对对象、现实、感性，只是从**客体**的**或者直观**的形式去理解，而不是把它们当做**感性的人的活动**，当做**实践**去理解，不是从主体方面去理解。因此，和唯物主义相反，唯心主义却把能动的方面抽象地发展了，当然，唯心主义是不知道现实的、感性的活动本身的。费尔巴哈想要研究跟思想客体确实不同的感性客体，但是他没有把人的活动本身理解为**对象性的**［gegenständliche］活动。因此，他在《基督教的本质》②中仅仅把理论的活动看做是真正人的活动，而对

* 此选文引自《马克思恩格斯选集》第1卷，人民出版社2012年中文第3版，第133—140页。引用时对原文有适当调整，主要是对原文中脚注、文末注混用的情况，统一成脚注形式，以方便读者阅读。选文脚注中的“编者注”为保留的原文，标题“1.关于费尔巴哈”为原文，原文中无标题2。

① 马克思1845年的稿本。——编者注

② 路·费尔巴哈《基督教的本质》1841年莱比锡版。——编者注

于实践则只是从它的卑污的犹太人的表现形式去理解和确定。因此，他不了解“革命的”、“实践批判的”活动的意义。

二

人的思维是否具有客观的［gegenständliche］真理性，这不是一个理论的问题，而是一个**实践的**问题。人应该在实践中证明自己思维的真理性，即自己思维的现实性和力量，自己思维的此岸性。关于思维——离开实践的思维——的现实性或非现实性的争论，是一个纯粹**经院哲学的**问题。

三

关于环境和教育起改变作用的唯物主义学说忘记了：环境是由人来改变的，而教育者本人一定是受教育的。因此，这种学说必然把社会分成两部分，其中一部分凌驾于社会之上。

环境的改变和人的活动或自我改变的一致，只能被看做是并合理地理解为**革命的实践**。

四

费尔巴哈是从宗教上的自我异化，从世界被二重化为宗教世界和世俗世界这一事实出发的。他做的工作是把宗教世界归结于它的世俗基础。但是，世俗基础使自己从自身中分离出去，并在云霄中固定为一个独立王国，这只能用这个世俗基础的自我分裂和自我矛盾来说明。因此，对于这个世俗基础本身应当在自身中、从它的矛盾中去理解，并且在实践中使之发生革命。因此，例如，自从发现神圣家族的秘密在于世俗家庭之后，世俗家庭本身就应当在理论上和实践中被消灭。

五

费尔巴哈不满意**抽象的思维**而喜欢**直观**；但是他把感性不是看做**实践的**、人的感性的活动。

六

费尔巴哈把宗教的本质归结于**人的**本质。但是，人的本质不是单个人所固有的抽象物，在其现实性上，它是一切社会关系的总和。

费尔巴哈没有对这种现实的本质进行批判，因此他不得不：

（1）撇开历史的进程，把宗教感情固定为独立的东西，并假定有一种抽象的——**孤立的**——人的个体。

（2）因此，本质只能被理解为“类”，理解为一种内在的、无声的、把许多个人**自然地**联系起来的普遍性。

七

因此，费尔巴哈没有看到，“宗教感情”本身是社会的产物，而他所分析的抽象的个人，是属于一定的社会形式的。

八

全部社会生活在本质上是**实践的**。凡是把理论引向神秘主义的神秘东西，都能在人的实践中以及对这种实践的理解中得到合理的解决。

九

直观的唯物主义，即不是把感性理解为实践活动的唯物主义，至多也只能达到对单个人和市民社会的直观。

十

旧唯物主义的立脚点是市民社会，新唯物主义的立脚点则是人类社会或社会的人类。

十一

哲学家们只是用不同的方式**解释**世界，而问题在于**改变**世界。

原文是德文

卡·马克思写于1845年春

马克思论费尔巴哈[①]

一

从前的一切唯物主义——包括费尔巴哈的唯物主义——的主要缺点是：对对象、现实、感性，只是从客体的或者直观的形式去理解，而不是把它们当做人的感性活动，当做实践去理解，不是从主体方面去理解。因此，结果竟是这样，和唯物主义相反，唯心主义却把能动的方面发展了，但只是抽象地发展了，因为唯心主义当然是不知道现实的、感性的活动本身的。费尔巴哈想要研究跟思想客体确实不同的感性客体，但是他没有把人的活动本身理解为对象性的［gegenständliche］活动。因此，他在《基督教的本质》中仅仅把理论的活动看做是真正人的活动，而对于实践则只是从它的卑污的犹太人的表现形式去理解和确定。因此，他不了解“革命的”、“实践批判的”活动的意义。

二

人的思维是否具有客观的［gegenständliche］真理性，

① 恩格斯1888年发表的稿本。——编者注

这不是一个理论的问题，而是一个**实践的**问题。人应该在实践中证明自己思维的真理性，即自己思维的现实性和力量，自己思维的此岸性。关于离开实践的思维的现实性或非现实性的争论，是一个纯粹**经院哲学的**问题。

三

有一种唯物主义学说，认为人是环境和教育的产物，因而认为改变了的人是另一种环境和改变了的教育的产物，——这种学说忘记了：环境正是由人来改变的，而教育者本人一定是受教育的。因此，这种学说必然把社会分成两部分，其中一部分凌驾于社会之上。（例如在罗伯特·欧文那里就是如此。）

环境的改变和人的活动的一致，只能被看做是并合理地理解为**变革的实践**。

四

费尔巴哈是从宗教上的自我异化，从世界被二重化为宗教的、想象的世界和现实的世界这一事实出发的。他做的工作是把宗教世界归结于它的世俗基础。他没有注意到，在做完这一工作之后，主要的事情还没有做。因为，世俗基础使自己从自身中分离出去，并在云霄中固定为一个独立王国，这一事实，只能用这个世俗基础的自我分裂和自我矛盾来说明。因此，对于这个世俗基础本身首先应当从它的矛盾中去理解，然后用消除矛盾的方法在实践中使之发生革命。因此，例如，自从发现神圣家族的秘密在于世俗家庭之后，对于世俗家庭本身就应当从理论上进行批判，并在实践中加以变革。

五

费尔巴哈不满意**抽象的思维**而诉诸**感性的直观**；但是他把感性不是看作**实践的**、人的感性的活动。

六

费尔巴哈把宗教的本质归结于**人的**本质。但是，人的本质不是单个人所固有的抽象物，在其现实性上，它是一切社会关系的总和。

费尔巴哈没有对这种现实的本质进行批判，因此他不得不：

（1）撇开历史的进程，把宗教感情固定为独立的东西，并假定有一种抽象的——孤立的——人的个体。

（2）因此，他只能把人的本质理解为“类”，理解为一种内在的、无声的、把许多个人纯粹**自然地**联系起来的普遍性。

七

因此，费尔巴哈没有看到，“宗教感情”本身是**社会的产物**，而他所分析的抽象的个人，实际上是属于一定的社会形式的。

八

社会生活在本质上是**实践的**。凡是把理论诱入神秘主义的神秘东西，都能在人的实践中以及对这种实践的理解中得到合理的解决。

九

直观的唯物主义，即不是把感性理解为实践活动的唯物主义，至多也只能做到对“市民社会”的单个人的直观。

十

旧唯物主义的立脚点是“**市民**”社会；新唯物主义的立脚点则是**人类**社会或社会化了的人类。

十一

哲学家们只是用不同的方式**解释**世界，而问题在于**改变**世界。

原文是德文

卡·马克思写于1845年春

第一次作为附录发表于《路德维希·费尔巴哈和德国古典哲学的终结》1888年版单行本

后记

17年前的夏天，刚获得博士学位的我即将走上大学讲台，《路德维希·费尔巴哈和德国古典哲学的终结》是我当时准备讲授的两门课程内容之一。为此我在这个夏天重读了这部经典文本，也参考了国内外学界的相关重要解读文本，再次真切地感到思想的现实性所具有的力量。随后这个学期是我教学生涯的最初时节，我在课堂教学中更好地理解了这部文本的历史语境和现实价值，后来这门课被列入中国人民大学原典原著类重点建设课程，也一度成为人大本科生选课人数最多的三门课程之一。教学相长，那些课堂互动的情景令我难忘，同时我也意识到这个文本中的哲学问题何以唤起青春的激情。

2013年，我在伦敦国王学院做访问学者，在周末的时光参观过很多名人故居，特别是马克思和恩格斯在伦敦住过的几处寓所，以及以马克思主义为主题的图书馆和书店。晚年恩格斯在汉普斯泰德的寓所令我印象尤深，位于普利姆罗斯山摄政花园路122号的这栋寓所墙上有一个醒目的铜牌，上面标明作为“政治哲学家”的恩格斯的生卒年以及他在这栋寓所居住的时间。据说恩格斯每天午后都要走出家门，步行20分钟，穿过查克农场，来到麦特兰德公园路41号——他的挚友马克思家讨论问题。当我沿着多年前他经常走的这条路，试图理解晚年恩格斯心路历程的时候，仿佛能够感受到恩格斯在这里写作《路德维希·费尔巴哈和德国古典哲学的终结》时已失去这位挚友时的心情，那时他想要超越当年他们合写《德意志意识形态》时对经济史的认知水平，想要还当年对费尔巴哈的一笔“信誉债”，更想梳理马克思主义哲学和黑格尔哲学的关系问题，他们曾经从黑格尔这位德国古典哲学家的理论逻辑出发，后来在颠倒形而上学的过程中确立了新哲学的实践逻辑。

为老一代学人简称为《费尔巴哈论》的这部经典文本是130多年前恩格斯应邀为德国社会民主党的理论周刊《新时代》撰写的长篇书评，他的评论对象是丹麦社会学家施达克1885年出版的《路德维希·费尔巴哈》一书。恩格斯并未将更多的笔墨用于评价这位素不相识的丹麦学者，而是以此为契机，系统阐述了他和马克思在思想的狂飙时期即已形成并有待完善的唯物主义历史观，其中很多观点耐人寻味。例如，恩格斯将全部哲学特别是近代哲学重大的基本问题归纳为“思维和存在的关系问题”，他深刻阐释了“凡是现实的都是合乎理性的，凡是合乎理性的都是现实的”这句黑格尔《法哲学原理》序言中为人们所耳熟能详的话，合理论证了“历史科学与哲学科学”的统一性问题，也强调了应当如何继承德国古典哲学的问题。这些饱含问题意识的哲学阐述对后世思想家具有持久的启示意义。

这些年，在我的课堂上偶尔见到来旁听的进修教师和中学教师，他们对恩格斯在这部文本中以通俗晓畅的语言表达的哲学观点很感兴趣，我便有机会在人大校园里与他们讨论与这部文本紧密相关的哲学基本问题和热点问题。这些讨论旨在以通俗易懂的方式澄明一些重要的哲学命题，同时彰显理想生活的现实价值。例如，什么是全部哲学特别是近代哲学的重大基本问题？如何理解历史规律和历史合力论？历史规律是否具有物质性？德国古典哲学是否终结？哲学能否终结？何谓“德国古典哲学的继承者”？

其中讨论最多的是对所谓哲学“终结”的理解。“终结”的德语本意是“出口”，它意味着一段旅程的结束，也意味着一段新的旅程的开始。面对纷繁复杂的现实问题，锐意创新的哲学研究始终彰显时代精神的精华。深入研究我们时代的理论与现实问题，当然要充分认识历史规律，理解推动历史发展的合力所具有的复杂性和可能性，而这表明德国古典哲学的合理性规定已融入新哲学的理想形态，哲学始终在自我更新的历程中塑就民族的精神自我，生成社会发展的文化自觉。

在整理这些年讲授《费尔巴哈论》的一些讲义的过程中，出版一本体现时代特色和中国语境的解读文本的思路日益清晰，这既是对往昔教学思路的总结，也在一定程度上开启了未来的研究视域。为了方便读者阅读原文并进行互文解读，在本书中，恩格斯的原著被置于解读文本之后，马克思的《关于费尔巴哈的提纲》也被收入附录。当整理和写作即将完成，我想起先后担任过这门课助教的罗连祥博士和项荣建博士曾经协助我做过的一些课堂教学准备工作，想起在伦敦国王学院访学前后我的朋友鲁绍臣博士对我出版一本解读《费尔巴哈论》的小书的多次鼓励。那些以往研读这部经典文本的时光也都再次鲜活起来，而这部文本中令人深思的哲学问题仍然在场，很多观点仍然呈现着启蒙的色泽。它真切地表明，哲学何以让我们远离精神的空疏浅薄，并在理想和现实的重叠中延伸超越自我的生活道路，从而不忘初心，学以致用。

臧峰宇　谨识

2024年春

于中国人民大学人文楼